현명한 투자자가
알아야 할
돈에 관한 진실

현명한 투자자가 알아야 할 돈에 관한 진실

김항주 지음

청림출판

한 그루의 나무가 모여 푸른 숲을 이루듯이
청림의 책들은 삶을 풍요롭게 합니다.

돈의 거짓말에 속지 마라!

헤지펀드에서 시작한 월가 생활

내 인생을 바꿔놓은 건 〈뉴스위크Newsweek〉에 실린 한 기사였다. 조지 소로스(George Soros)가 영국의 파운드화를 팔아서 10억 달러가 넘는 돈을 벌었다는 내용이었다. 숫자 뒤에 붙은 0을 몇 번씩 다시 센 후 한국 돈으로 환산해보니 1조 원이 넘었다. 내 기억이 정확하다면, 당시 한국 정부의 1년 예산이 100조 원 미만이었으니 정말 어마어마한 돈이었다. 그때 이후로 나의 꿈은 환율 투자자로 바뀌었으며, 1994년 미국으로 건너가 펜실베이니아대의 와튼스쿨에서 그 꿈을 키워나갔다. 그곳에서 나는 금융은 물론 투자와 파생상품까지 모조리 섭렵했다.

당시 나는 동기들과는 달리 주식이나 기업의 인수합병보다 채권에 더 관심이 많았다. 수학을 잘하고 계산이 뛰어난 덕분에 이자율과 관련되는 분야에 잘 맞으리라 생각했다. 학교생활도 곧잘 했다. 집안이 가난해 경제적으로 궁핍했고 부모의 배경도 기대할 수 없었지만, 영주권 덕분에 장학금과 일부 융자를 받아 학비가 비싸다고 소문난 아이비리그(Ivy League, 미 동부의 명문 사립대)를 우등으로 졸업했다.

졸업 후 일본 모건스탠리(Morgan Stanley)의 채권 부문장(Fixed Income Head)으로 있던 미국인 학교 선배로부터 같이 일해보자는 제안을 받았다. 생각해보면 그때 그 제안을 수락했더라면 지금보다 더 많은 돈을 벌었을 것이다. 하지만 당시에는 미국 밖으로 나가는 게 싫었고, 또 마침 외환 헤지펀드를 운영하는 교수님으로부터 같이 일해보자는 제안을 받은 터였다. 그는 전미경제학회가 독보적 업적을 남긴 40세 미만 경제학자에게 2년마다 수여하는 '존 베이츠 클락 메달(John Bates Clark Medal)'을 1987년에 받았다.

[참고로 2008년 노벨 경제학상을 받아 한국인에게 널리 알려진 프린스턴 대의 폴 크루그먼(Paul Krugman) 교수 역시 1991년 존 베이츠 클락 메달을 받았다.]

나는 그 교수님의 외환 헤지펀드에서 일하기로 결심했다. 직원은 달랑 10명이었지만 약 30억 달러, 한국 돈으로 환산하면 3조 원가량을 운용하는 회사였다. 10명 가운데 5명은 통계학을 비롯해 응용수학과 금융 분야의 박사학위를 갖고 있었다. 나는 이 회사에서 월가에 첫발을 내딛었다. 부연 설명을 덧붙이면, 흔히 월가라고 하면 셀사이드(sell-side : 증권사)를 지칭하는데, 헤지펀드 사람들은 셀사이드 출신이 많기에 헤지펀드에서 일하는 것이나 증권사에서 일하는 것이나 매일반일 듯했다.

그러나 얼마 지나지 않아 나는 외환 헤지펀드를 그만두었다. 내가 그 회사에 들어간 이유는 저명하다고 인정받은 교수님으로부터 수학과 통계 모델을 활용한 환율 투자를 배우기 위해서였으나, 그분은 박사학위가 없다는 이유로 내게 그 분야의 일을 맡기지 않았다. 환율 거래는 할 수 있었지만, 나는 통계 모델을 활용해 어떤 환율이 절하나 절상이 될 것이며 그 속도는 어떠한지를 배우고 싶었다. 크게 좌절했지만, 그때 교수님에게 배운 여러 가지 금융에 관한 이론과 철학은 지금까지도 큰 도움이 되고 있다.

그런데 스물한 살에 시카고대에서 박사학위를 받은 교수님은 주식을 믿지 않았다. 그는 주식을 잘못된 금융상품이라 했으며, 그래서 수천억 원가량 되는 개인 재산 가운데 주식은 단 한 주도 없었다. 주식이 왜 잘못된 금융상품인지에 대해서는 앞으로 자세히 설명하겠다.

2002년 1월, 나는 자산운용사인 얼라이언스캐피털(Alliance Capital)의 모기지 채권 헤지펀드에 들어갔다. 모기지는 채권 중에서 가장 복잡하고 난해한 채권으로, 80년대 초부터 많은 학자들이 월가에 모여 모델을 만들고 상품을 개발하고 각각의 모기지를 모아 채권화한 금융상품이다. 이번 금융위기의 도화선이 된 서브프라임(sub-prime)도 모기지 채권상품 가운데 하나다. 물론 내가 일했던 얼라이언스캐피털에서도 서브프라임 모기지 채권을 적극적으로 매입했다. 그곳에서 나는 2년 동안 모기지 리서치와 운용전략 등을 개발했으며 컬럼비아대에서 금융수학 석사과정을 마쳤다.

학위를 받고 나니 이번에는 내 손으로 직접 금융상품을 사고파는 트레이더나 포트폴리오 매니저가 되고 싶었다. 나는 생명보험 자산운용사인 구겐하임파트너스(Guggenheim Partners)에서 주택저당 담보부 다계층증권(Collateralized Mortgage Obligation), 소위 CMO라는 모기지 채권 전문가로 일하게 됐다. 사실 이 CMO가 이번 금융위기의 주범인 모든 독극물성 금융상품의 시초다. CMO는 현존하는 여러 가지 모기지를 모아 원금과 이자를 이리저리 쪼개고 붙여서 만든 금융상품이다. 이런 아이디어에서 착안해 CDO(Collateralized Debt Obligation, 부채담보부증권)나 CLO(Collateralized Loan Obligation, 대출채권담보부증권)가 만들어졌다. 많은 생명보험회사들은 사람의 수명과 깊이 관련된 부채의 특성을 활용해 원금은 나중에 갚고 오랫동안 이자를 내는 금융상품이 필요하다고 판단하고 앞 다투어 모기지 상품을 개발했다.

사실 나는 2004년 무렵 미국의 집값이 폭등했기 때문에 바이사이드(buy-side : 자산운용사)에서 포트폴리오 매니저를 하기보다는 셀사이드에서 직접 CMO를 만들어 팔고 싶었다. 그러나 세상일이 그렇듯 뜻대로 되지 않아 1년가량 바이사이드에서 포트폴리오 매니저로 일한 뒤 2005년 절호의 기회를 맞아 셀사이드인 워싱턴뮤추얼(Washington Mutual Capital Corporation)의 모기지 채권 파생상품 트레이더로 옮겼다. 그리고 이후 3년간은 내 인생의 전성기였다. 이때부터 집값 상승세에 편승해 한 달에 30억 달러 이상의 모기지를 사들인 뒤 여러 형태로 구조화해 많은 기관투자자들과 CDO 매니저들에게 팔았다. 내가 속해 있던 그룹은 모두 5명이었는데 많을 때는 월평균 수익이 3,000만 달러가 넘었다.

나의 주된 업무는 모기지 채권 파생상품의 구조화와 거래, 그리고 헤지였다. 나는 많은 종류의 모기지 상품 중에서도 특히 옵션변동금리모기지(ARM, Adjustable Rate Mortgage : 시장금리의 변동에 따라 이자율이 바뀌는 대출상품)를 전문적으로 다뤘다. 옵션변동금리모기지는 워싱턴뮤추얼을 파산하게 만들고 와코비아(Wachovia)가 웰스파고(Wells Fargo)에 넘어가게 만든 장본인이다. 당시에는 수익률을 올리는 데 혈안이 돼 옵션변동금리모기지 같은 모기지 상품이 존재해야 하는가에 대해서는 관심조차 없었다. 집을 사는 사람과 파는 사람, 모기지 브로커, 금융시장의 구성원 모두가 미쳤다고 해도 과언이 아니었다. 집값은 영원히 올라갈 것 같았고, 설사 오르다 멈춘다고 해도 별 일이 없으리라는 안이한 생각으로 하루하루를 보냈다.

베일에 싸여 있던 월가의 실체가 드러나다

2007년 봄부터 시장은 내리막길에 접어들었다. 서브프라임 모기지에서 시작된 전세계 금융시장의 위기는 모든 자산 가격의 폭락을 초래했다. 사실 작금의 금융위기는 당연한 결과로 다시 회복될 수 없으며 또 회복되어서도 안 된다. 10년간의 월가 생활에서 나는 부익부와 빈익빈을 조장하는 월가의 관행이 과연 옳은가, 그동안의 금융자산 가격이 상식적으로 적당한 수준인가 등 많은 것을 보고 배웠다. 이번 사건은 나를 비롯한 많은 사람을 구조조정으로 내몰았고 삶에 대한 회의를 느끼게 만들었다.

전세계를 송두리째 뒤흔들고 있는 월가는 많은 사람들에게 미스터리로 남아 있다. 재미있는 것은, 저명하다는 경제학자들과 금융공학자들도 그 해법을 모른다는 사실이다. 2006년 말 우연히 미국 유명 대학의 경제학과 교수와 함께 식사를 한 적이 있다. 그와 대화를 나누면서 느낀 점은, 소위 경제학 전문가나 금융에 무지한 내 아내나 월가가 어떻게 돌아가는지 잘 모르는 것은 마찬가지였다. 2007년 여름에는 월가에 위치한 어느 회사의 높은 자리에 있는 분과 아침식사를 같이했는데 그 역시 앞으로 어떤 위험이 닥쳐올지를 제대로 알지 못했다. 막연히 CDO가 위험하다고만 말할 뿐 그로 인해 회사가 파산하리라는 것은 예상조차 하지 못했다. 하지만 당시 실무에 몸담고 있었던 나는 그 회사의 파산을 어느 정도 예상했다. 그리고 1년이 지나 2008년 가을, 결국 그 회사는 CDO 때문에 망했다.

월가가 이렇게 쉽게 무너지리라고는 아무도 예상하지 못했다. 이해를 돕기 위해 지금의 상황을 수년간 소림사에서 권법을 배우고 나온 무술가에 비유해보자.

소림사의 무술가가 적과 싸우는 모습을 보고 사람들은 그의 권법을 연구하고 분석해 그가 어디서 수련했는지를 유추해낸다. 그러나 그가 어떤 경로로 소림사에 들어갔고, 소림사에서 얼마나 혹독한 수련 과정을 거쳤으며, 또 소림사 무술의 난이도와 약점이 무엇인지 등은 그에게서 직접 듣지 않으면 알 수 없다. 무술가는 대단한 비밀인 양 이를 숨기지만, 한편으로는 누구나 알 수 있는 쉬운 비법이기에 더욱 입을 열지 않는다. 그래서 많은 사람들이 지켜보는 곳에서는 가급적 싸우려 하지 않는다. 마찬가지로 월가의 트레이더들도 세상 사람들에게 광고하며 금융상품을 만들고 거래하지는 않는다.

이번 금융위기와 세계적 공황으로 지난 30년 동안 미스터리에 쌓여 있던 월가의 비밀들이 하나씩 풀리기 시작했다. 월가와 주변의 전문가들, 그리고 경제학자들의 관계도 베일을 벗고 실체를 드러내고 있다. 하지만 지난 30년 동안 월가는 방대한 사업을 벌여왔으며 일반인이 이해하기에는 복잡한 구석이 많아 여전히 많은 부분이 미스터리로 남아 있다.

이 책을 쓴 이유가 바로 여기에 있다. 일반인의 시각에서 그동안 꽁꽁 숨겨져 왔던 월가의 비밀을 낱낱이 파헤쳐보고 싶었다. 나는 10년 남짓 월가에서 금융 세계를 체험했지만 그 중심으로 다시 돌아가고 싶지는 않다. 돌아가더라도 비리와 부조리한 광경을 지켜보지 않아도 되는 주변부에서 조용히 일하고 싶다.

이 책을 통해 나는 개인투자자들이 막연하게 갖고 있는 월가와 돈에 대한 환상을 깨뜨리고 돈의 흐름과 투자의 원칙, 그리고 여러 가지 금융상품의 원리를 알려주고자 한다.

이를 위해 80년대부터 시작된 금융시장의 붐이 어떻게 시작되었고 그로 인한 문제점은 무엇이며, 과연 지난 30년의 영광이 앞으로도 지속될 수 있을지를 심층 분석했으며, 사회에 도움이 되는 금융시장은 어떤 형태여야 하는가에 대해서도 짤막하게나마 소견을 피력해봤다.

월가에서 만들어진 돈은 대부분 가짜다

돈이란 있다가도 없고 없다가도 있게 마련인데 지난 30년간은 불어나기만 했고 급기야는 무섭게 폭발했다. 한때 금에 미국 달러를 결부한 금태환정책에 따라 현존하는 금의 가치 이상 돈을 불리지 못하기도 했지만 이후 미국 정부의 재정정책과 화폐정책에 따라 다시 돈을 마음대로 불리게 됐다. 1998년 롱텀캐피탈매니지먼트(LTCM ; Long-Term Capital Management)란 헤지펀드는 3조 원을 잃고 세상을 떠들썩하게 했는데, 2008년 많은 금융기관들은 1,000조 원에 가까운 돈을 잃었고 앞으로도 더 많이 잃을 것으로 예상된다. 그렇다면 1998년 LTCM 사건에 비해 333배 가까이 늘어난 손실액 규모가 경제 성장을 방증하는 것일까? 인플레이션이 없었는데 도대체 이 많은 돈은 어디서 나왔단 말인가?

결론부터 말하자면, 지난 10년 동안 월가에서 만들어진 돈은 대부분 가짜다. 월가는 자기 의지와는 상관없이 부자가 된 조금 똑똑한 중동 부자들과 여러 나라의 연기금 기관투자자들이 투자하고, 가짜 돈을 잘 만드는 30~40대 젊은 트레이더들이 그 돈을 이리저리 굴려서 30년 동안 자기 주머니만 불려왔다. 물론 월가 때문에 잠들어 있던 중국이 깨어났고 세계 각국의 많은 산업이 발전했지만 아프리카나 남미의 가난한 나라들처럼 월가의 혜택을 조금도 못 받은 나라도 많다.

심신을 제대로 수련한 스님의 무공은 많은 사람들에게 도움이 되지만 반대의 경우 오히려 해가 된다. 소림사의 무술가가 속세에 나와 사악한 무리들을 무찌르는 것은 어찌 보면 자신의 부와 영광을 얻기 위함일 수 있다.

월가도 처음 의도는 좋았지만 인간의 욕심과 지난 30년간 지속된 자본주의의 폭발적인 성장이 결합되어 세상을 혼란의 도가니에 빠뜨렸다. 월가는 평범한 사람들이 모여 그룹을 이루고 많은 정보를 공유하며 그 정보를 모르는 사람들을 이용해 돈을 벌어들이는 곳으로, 어쩌면 존재하지 말았어야 했다. 물론 누군가는 돈을 꿔주고 또 다른 누군가는 돈을 빌리겠지만 이런 식의 거래는 잘못됐다는 것이 명백하게 드러났다. 기존의 많은 경제학 이론들도 상당 부분 수정돼야 마땅하다.

지난 30년 동안 금융시장에서 일어났던 일들이 다시 일어날 가능성은 희박하며 금융시장은 이미 하향세에 접어들었다. 80년대 말 한때 40,000포인트까지 올라갔던 일본의 주가는 20년이 지난 현재 7,000에서 8,000포인트 사이를 헤매고 있다. 이후 '잃어버린 10년'을 보낸 일본은 세계 어느 나라보다 먼저 금융시장의 본질을 깨닫고 정신을 차리게 됐다. 일본의 사례를 통해 20년, 30년 후 전세계 금융시장의 모습을 예측해볼 수 있다.

치명적인 돈의 유혹

대학 동기가 뉴욕에 있는 헤지펀드에서 아시아 옵션 데스크의 팀장을 맡고 있다. 그는 내게 한국의 금융 감독기관은 'Give up trade'를 허용하지 않는다며 불평을 늘어놨다. Give up trade는 미국에서는 일상적으로 일어나는 일이며 쉽게 말하면 이렇다. 나의 매매 계좌는 갑 금융기관에 있는데 을 금융기관과 매매했을 경우 갑에 있는 나의 계좌로 을과의 매매금액을 넘길 수 있는 것을 말한다. 이것이 허용되지 않으면 선물시장이 원활하게 돌아갈 수 없다. 그 친구는 한국의 코스피(KOSPI) 옵션을 주로 매매하는데, 언젠가 한국의 두 금융기관 사이에서 Give up trade를 했는데 며칠 후 한국 금융감독기관에서 불법 매매를 하듯 큰 문제를 삼았다고 한다.

2009년 3월 25일자 〈블룸버그Bloomberg〉 뉴스에 한국의 키코(KIKO : 환율이 일정 범위 안에서 변동할 경우 미리 약정한 환율에 약정금액을 팔 수 있도록 한 파생금융상품)에 관한 기사가 실렸다. 대구 근교 공업단지에 위치한 한 중소기업 사장은 평생을 스테인리스 파이프를 만드는 일에 바쳤으며 2005년과 2006년에는 수출 훈장도 받고 수출액도 꾸준히 늘었다. 그런 회사가 난방비도 없어 문을 닫을 위기에 처했는데 그 이유가 금융기관들이 판 키코 때문이었다. 그 금융상품 때문에 많은 중소기업들이 수백억 원을 잃었다. 2006년과 2007년 원화의 강세로 골머리를 앓은 중소기업에게 국내외 금융기관들은 원화가 절상되면 돈을 벌고 반대로 절하되면 돈을 잃는 키코를 팔았다. 미국으로 말하면 2002년부터 2004년까지 단기 금리가 1퍼센트일 때 투자은행들이 동네 은행, 심지어 중고등학교까지 찾아가서 이자 스와프를 한 것이나 다름없다.

그 중소기업 사장이 이런 키코를 스스로 찾았을 리 만무하며 금융기관의 세일즈 담당자들이 접근했을 것이다. 그들은 키코는 당장은 돈을 낼 필요가 없고 나중에 환율이 움직이는 것에 따라 돈을 받거나 내면 된다며 유혹했을 것이 뻔하다. 사실 세일즈 담당자도 키코가 어떤 식으로 돈을 만드는지를 제대로 모른다. 이 금융상품을 살 때 돈을 한 푼도 안 내는 이유는 투자은행의 트레이더들이 포워드(forward) 환율 스프레드에서 돈을 만들기 때문이다. 쉽게 말하면, 현재 환율이 1,400원인데 1,350원으로 바꾼 뒤 50원의 차액을 미래에 받는 것이다.

이들이 꼭 키코를 팔았어야 하는 이유는 무엇일까? 세일즈 크레디트(Sales Credit : 키코를 판 사람에게 주는 보너스)가 보통 금융상품보다 많았기 때문이다. 그 중소기업 사장은 단순한 환율 선물시장에 참여하거나 초기에 돈을 내고 환율이 절상되면 이익이 나고 절하돼도 손해보지 않는 옵션을 사면 된다. 그러나 이런 단순한 선물은 세일즈 크레디트가 많지 않고, 또 옵션은 그 자리에서 프리미엄을 내야 하기에 중소기업 사장이 꺼리므로 키코를 권했던 것이다.

이런 키코는 정부 차원에서 엄격히 금지해야 하는 상품이다. 첨단 금융기법에 대해 잘 모르는 중소기업의 환율 문제는 정부 차원에서 해결해줘야 한다. 선물이나 옵션 헤지는 분명히 헤지이지만 키코는 도박이다. 이는 중소기업과 투기꾼의 대결로, 10년 동안 매일 금융시장만 들여다본 투기꾼과 중소기업이 대결하는 것 자체가 모순이다.

Give up trade는 허용하지 않으면서 세일즈 담당자들이 순진한 중소기업 사장에게 키코를 팔게끔 내버려두는 금융법은 앞뒤가 맞지 않는다. 세계 각국의 정부와 금융감독기관은 과거 30년 동안 금융시장을 규제하는 데 완벽하게 실패했다. 그들은 늑대가 양을 잡아먹을 수 없도록 늑대를 규제하지 않았으며 양을 보호할 생각도 없었다.

지금부터 과거 30년간 금융은 무엇이 잘못됐고 앞으로 어떤 일이 전개될 것이며 바람직한 금융시장은 어떤 시장인가에 대해 나의 소견을 피력하려 한다.

저자 김 항 주

CONTENTS

1장 잘 나가던 월가, 그들만의 돈의 비밀

2장 돈보다 시장의 파탄이 문제다

3장 금융위기, 돈을 잃는 사람과 돈을 따는 사람

4장 현명한 투자자라면 과거부터 살펴라

5장 내 돈을 지키는 투자의 원칙과 진실

1장

잘 나가던 월가,
그들만의 돈의 비밀

THE TRUTH ABOUT MONEY

태풍의 한복판에 있는 사람은 태풍을 피할 수 없다. 이번 사건은 태풍보다 더한 재앙이 엄청난 속도로 전세계를 강타한 대재앙이다. 자산이란 자산은 모조리 가격이 떨어질 것이다. 대출을 받아 많은 자산을 사들인 부자들은 부채는 그대로 남아 있고 자산 가격은 형편없이 떨어질 것이다.

그들이
월가를 움직인다

월가의 핵, 투자은행

얼마 전 파산한 리먼브라더스(Lehman Brothers)나 파산 직전까지 갔던 골드만삭스(Goldman Sachs) 같은 투자은행(IB ; Investment Bank)은 사업 초창기에 오래된 부채나 국채를 사고팔았다. 남북전쟁 시절에 남쪽 정부가 발행한 국채는 휴지조각으로 전락하고 북쪽도 정부 재정의 악화로 국채 가격이 하락하면서 사람들은 다양한 형태의 투기에 참여하게 되었다. 당시의 유명한 투자은행가였던 JP모건(JP Morgan)의 이름을 딴 JP모건체이스(JP Morgan Chase)는 지금까지 계속되고 있으며, 얼마 전에는 연방준비제도이사회(FRB ; Federal Reserve Board)로부터 베어스턴스(Bear Stearns)와 워싱턴뮤추얼을 거의 공짜로 얻다시피 했다.

이렇게 시작된 투자은행들은 19세기 말 철도혁명, 산업혁명, 석유투자 붐 등과 결합해 크게 부흥했다. 하지만 그때도 역시 지금과 같은 투기 과열로 모두 인수합병되고 급기야 1933년에는 글래스스티걸법(Glass-Steagall Act)이 제정되어 상업은행과 투자은행이 완전 분리되었다. 당시 유력한 은행이자 증권사였던 JP모건의 증권 분야가 모건스탠리에서 독립할 수밖에 없었던 이유도 바로 이 법 때문이다. 아이러니하게도, 1999년 이 법이 폐지되면서 상업은행과 투자은행의 구분이 모호해지기 시작했고, 오랫동안 투자은행이 버는 돈을 군침 삼키며 지켜보고 있던 상업은행도 너 나 할 것 없이 무분별한 투기에 참여하게 되었다.

투자은행은 인수합병, 세일즈앤트레이딩(sales and trading), 자산운용의 세 분야로 나뉜다. 이 가운데 자산운용 사업은 이것만 전담하는 회사들도 따로 있지만 인수합병과 세일즈앤트레이딩은 투자은행만의 고유한 업무로 최근 30년 동안 월가를 먹여 살린 알짜배기 사업이다. 나는 월가에서 세일즈앤트레이딩과 자산운용에 관한 일을 했으며 인수합병은 친구들에게 들어 간접적으로 알고 있다.

재미있는 것은, 인수합병 분야에서 일하는 사람들과 세일즈앤트레이딩 분야에서 일하는 사람들은 생김새부터 성격까지 판이하게 다르다는 사실이다. 인수합병 분야는 한마디로 얼굴 비즈니스다. 여러 회사들을 돌아다니며 중역들과 상담하고 주식을 발행할 것인지 혹은 채권을 발행할 것인지, 기업가치를 높이려면 어떻게 해야 하는지, 저 회사를 사면 주가가 얼마나 올라갈 것인지 등을 논의한다.

이 일을 하려면 우선 사교성이 뛰어나야 하며 MBA 출신들이 많이 진출한다. 게다가 이 분야는 일의 질보다 양이 우선한다. 일주일에 80시간은 기본이며 어떤 사람들은 회사 화장실에서 자며 24시간 대기하기도 한다. 일반 회사의 중역들이 바쁘다 보니 언제 미팅이 잡힐지 모르기 때문이다. 그래서 이 일을 하는 사람들은 항상 대기하며 명령이 떨어지면 수 시간 내에 보고서를 작성하고 프레젠테이션을 준비해야 한다. 한국에 있는 친구들이 특별한 일이 없는데도 밤 9~10시까지 회사에 남아 있는 이유와 비슷하다(물론 진정으로 열심히 일하는 사람들도 많다).

인수합병 분야에서 일하는 사람들은 대부분 잘생기고 예쁘다. 특히 매니징디렉터(managing director)의 비서들은 모두 슈퍼모델 감이다. 일주일에 80시간씩 일하는 이들은 여자를 만날 시간이 없어 간혹 비서와 결혼하기도 한다. 배트맨으로 유명한 크리스찬 베일(Christian Charles Philip Bale)이 나오는 영화 〈아메리칸 싸이코American Psycho〉를 보면 전형적인 인수합병 분야의 사람들이 나오는데 모두들 옷도 잘 입고 명품만 취급한다.

반면 세일즈앤트레이딩 분야에서 일하는 사람들은 인수합병 분야의 사람들과는 정반대다. 트레이딩은 말 그대로 돈 놓고 돈 먹는 장사로, 얼굴 생김새와 무관하며 머리가 좋고 학벌이 좋으면 최고다. 워싱턴뮤추얼의 매매 입회장(trading floor)을 예로 들면 하버드, MIT, 와튼스쿨을 졸업하고 바로 이 분야에 들어온 사람들이 대부분이다. 평균 신장이 170센티미터도 안 되고 대머리와 주먹코에 커다란 안경을 쓰는 등 다들 못생겼지만 그렇다고 절대 무시해서는 안 된다. 이들이 하루에 움직이는 돈이 수십억 원은 족히 넘는다. 그러기에 이들에게 대충이란 없으며, 모르는 것을 얼버무렸다가는 바로 돈을 잃고 쫓겨난다.

한마디로 트레이딩은 전쟁이다. 이쪽으로 가면 총 맞아 죽고 저쪽으로 가면 적군을 죽일 수 있다. 빠른 시간 안에 정확한 판단을 내려야 하며 판단착오는 곧바로 손실로 연결된다.

트레이더 중에 여자는 가뭄에 콩 나듯 하는데 그것도 응용수학 박사나 물리학 박사가 대부분이다. 그나마 세일즈 분야는 여자들이 조금 있다. 월가의 금융상품은 대부분 장외거래를 한다. 그러다보니 트레이더들은 자기 상품에만 전념하고 세일즈 담당자가 바이사이드와 직접 대화하며 상품을 소개하고 거래를 알선한다. 세일즈앤트레이딩의 하부에 위치한 리서치 부문에서 상품을 연구한후 보고서를 작성해 배포하고 거래를 알선한다.

마지막으로, 자산운용 분야는 많이 알려진 것처럼 남의 돈을 굴려주고 일정한 수수료를 받는다. 이 분야는 원래 투자은행 소속이아니었는데 자산운용사가 우후죽순으로 생겨나자 투자은행들이뒤늦게 뛰어들었다.

2000년대 들어 월가에 새롭게 등장한 분야는 테크놀로지다. 갈수록 금융상품이 복잡해지고 방대해짐에 따라 그에 따른 계산이나 분석이 매우 난해해졌다. 게다가 모든 것이 실시간으로 진행되다 보니 이를 뒷받침하는 시스템 역시 복잡해졌다.

기대수익을 최고화한 사업모델, 월가

다른 분야와는 달리 월가의 금융회사는 계급이 많지 않다. 일반 회사는 대리, 과장, 부장해서 많은 계급으로 나눠진데 반해 월가는 보통 5개의 계급으로 이뤄진다. 입사하면 바로 애널리스트가 되고, 2년이 지나면 어소시에이트(associate), 3년이 지나면 바이스프레지던트(vice president) 또는 디렉터(director), 그리고 최종적으로 매니징디렉터가 된다. 실질적인 결정권은 바이스프레지던트 단계부터 주어지며 승승장구하는 사람은 서른 살이 되기 전에 매니징디렉터가 되기도 한다. 내가 아는 사람은 대학을 졸업하고 바로 월가에 들어와 스물여덟 살에 매니징디렉터가 됐다.

어쩌면 작금의 금융위기는 월가의 단순한 계급구조가 이 모든 화를 불러일으킨 원인일지도 모른다. 계급구조의 단순화는 경기가 좋을 때는 신속한 의사결정을 유도하고 투자를 활성화하는 반면에 투기와 레버리지를 조장한다. 나중에 자세히 설명하겠지만, 한국이 미국형 투자은행을 설립할 수 없는 결정적 이유가 이런 단순한 계급구조에 있다. 즉 한국인의 정서상 이런 단순한 계급구조의 조직은 사회적으로 용납되지 않는 것이다. 서른 살도 안 된 젊은 사람이 쉰이 훌쩍 넘은 간부보다 연봉이 많고 직위가 높다는 것이 한국 사회에 쉽게 받아들여질 수 있겠는가.

기능적으로 보면 월가의 회사들은 영업(front office), 관리(middle office), 지원(back office) 부문으로 구분된다. 영업 부문은 말 그대로 조직의 선봉에 서서 수익을 올리는 곳으로 트레이더, 세일즈 담당자,

그리고 투자은행가가 있다. 관리 부문은 1998년 LTCM 사건 이후 생겼으며 회사 내의 리스크를 관리하는 곳으로, 이번 서브프라임 사태로 월가가 몰락할 때까지 10년 동안 한 일이 별로 없다. 지원 부문은 직접적으로 돈을 벌지는 않지만 기능상 굉장히 중요한 곳이다. 영업 부문에서 하는 일들을 정리하고, 자금을 결제하고, 날마다 손익을 계산해서 영업 부문과 맞춰보는 역할을 한다. 많은 사람들이 이 지원 부문에서 시작해 자신의 능력을 입증해보인 후 관리 부문을 거쳐 영업 부문에 진출한다.

앞에서 설명한 인수합병과 세일즈앤트레이딩, 자산운용, 그리고 영업·관리·지원 부문 간에는 이론상 얼마든지 이동이 가능하다. 그렇다고 동일한 직급으로 이동하는 것은 아니다. 자기 전문 분야가 아닌 다른 분야로 옮길 경우 대부분 나이와 경력에 상관없이 말단부터 시작한다.

월가에서는 실력이나 학벌보다 더 중요한 것이 인간관계다. 물론 학벌이 없으면 발을 들여놓을 수가 없으며 실력이 없으면 쫓겨날 것이 자명하다. 그러나 처음 몇 년 동안 차근차근 단계를 밟아나가면 결국에는 인간관계를 얼마나 잘하느냐에 따라 월가에서 얼마나 오랫동안 생존하느냐가 판가름 난다.

누구든지 한 분야에서 오랫동안 일하면 나중에는 한 사람을 건너면 다 아는 경지에 이른다. 월가에서 취급하는 대부분의 금융상품이 장외로 거래되다 보니 사람들의 입에서 입으로 거래가 이뤄진다. 아무리 기술이 발달하고 금융상품이 정교해진다 해도 종국에는 사람의 입을 통해서만 거래가 이뤄지는 모순을 낳는 것이다.

내 생각에는 금융상품이 복잡해질수록 사람을 통해 거래되는 비율이 높아질 듯하다. 결국에는 사는 사람이 금융상품의 구조를 제대로 알고 그에 따른 위험을 기꺼이 감내할 수 있어야 하기 때문이다.

지금까지 월가의 구조에 관하여 설명했다. 이러한 월가의 구조는 지난 30년 동안 기업들이 흑자를 극대화하기 위해 고안된 것이다. 그러나 금융시장이 만신창이가 되어 당장 한 달 후를 내다보기 힘든 월가의 이런 구조는 조만간 사라질 것이다. 대학을 졸업한 지 채 5년이 안 된 트레이드가 온갖 위험을 부담하고, 돈을 잃으면 바로 쫓겨나고 벌면 수억 달러의 보너스가 지급되는 이런 아슬아슬한 구조가 얼마나 생존 가능할까.

월가는 인간의 위험부담을 극대화해 기대수익을 최고화한 사업 모델이다. 월가 사람들은 크게 한탕하면 평생 먹고살 만한 돈을 벌 수 있으며, 일이 잘못될 경우 잃을 것이라곤 일자리밖에 없다.

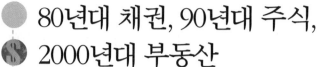

80년대 채권, 90년대 주식, 2000년대 부동산

주식과 채권은 금융시장을 대표하는 상품이다. 대표적인 재테크 수단으로 대두된 주식은 따로 설명이 필요 없을 만큼 잘 알려져 있지만 채권은 약간의 설명이 필요하다.

사실 90년대 이전까지만 해도 주식시장보다 채권시장이 훨씬 컸다. 가장 널리 알려진 미국 국채를 생각해보면 쉽게 이해가 될 것이다. 채권시장이 일반인에게 널리 알려지지 않은 이유는 채권의 거래금액이 크고 몇몇 사람에 의해 매매가 이뤄지기 때문이다. 또한 채권은 복잡한 수학 개념이 포함되어 있기에 일반인이 이해하기에는 난해한 점이 없지 않다. 반면 주식은 X라는 회사의 주가가 50이라고 하면 모두들 이해한다. 그러나 2년 만기 미국 국채가 만기수익률 1.28퍼센트에 거래된다면 몇 명이나 이해하겠는가?

80년대를 지배한 채권

80년대 미국 기업들은 레이건 정부의 공급 중심 경제정책인 레이거노믹스(Reaganomics)에 힘입어 엄청난 성장을 이룩했다. 당시 기업들은 성장을 위한 재원을 마련하기 위해 월가로 달려갔으며 월가는 회사채를 발행해 이를 지원했다.

그 시절 세계적 투자가이자 개인적으로 나의 학교 선배인 마이클 밀켄(Michael Milken)은 신용등급이 낮은 기업이 발행하는 고위험 채권인 정크본드를 개발했다. 카지노 건설 계획처럼 위험부담이 큰 사업을 하는 기업들은 많은 이자를 부담하고 정크본드를 발행한다. 물론 부도 위험이 크지만 당장 자금을 조달할 수 있는 방법이 그것밖에 없기에 기업들은 울며 겨자 먹기로 정크본드를 발행하는 것이다.

이로 인해 밀켄은 엄청난 돈을 벌었다. 하지만 그것도 한때였으며, 결국 밀켄은 내부자거래 혐의로 미국 증권거래위원회(SEC ; Securities and Exchange Commission)에 기소됐다. 그는 원만하지 못한 인간관계 때문에 마녀사냥의 희생양이 됐다. 심지어 와튼스쿨은 밀켄이 기소된 후 학교 이미지를 훼손한다는 이유로 그가 기증한 금동상을 치워버렸다.

80년대에 채권시장은 주로 미국 국채와 회사채를 중심으로 활성화됐다. 냉전시대의 개막과 더불어 시작된 미국과 구소련의 국방비 증가는 엄청난 양의 국채 발행으로 연결됐다. 미국이 구소련을 이길 수 있었던 것은 미국 국채 때문이었다고 해도 과언이 아니다. 당시 미국은 막강한 국채시장 덕분에 무한대로 자금을 조달해 무기를 개발했으며, 이것이 불가능했던 구소련은 자금부족으로 무기 전쟁에서 질 수밖에 없었다.

결국 40여 년에 걸친 미·소 대결구도에서 미국의 승리를 이끈 것은 월가였다. 이후 전세계에는 세계화의 열풍이 불었다. 코카콜라는 미국을 뛰어넘어 세계시장으로 도약했고, 보잉은 전세계 각국을 대상으로 본격적으로 비행기 세일즈를 시작했다.

이러한 '주식회사 미국(Corporate America)'의 세계화 역시 월가에서 자금을 조달했기에 가능한 일이었다. 월가는 엄청난 양의 회사채를 발행해 미국 기업들의 세계화를 지원했고 그 대가로 많은 수수료를 챙겼다.

90년대를 장악한 주식

주식시장 또한 80년대의 급격한 경제 성장 붐에 편승해 상승세를 타기 시작했다. 1987년 한차례 크게 폭락했다가 제자리를 되찾은 주식시장은 90년대의 컴퓨터 혁명 및 생산성 증가와 맞물려 쑥쑥 성장했다. 70년대 말 1,000포인트를 밑돌던 다우존스지수(Dow Jones Industrial Average)는 90년대 말 10,000포인트를 넘어섰다. 20년 만에 10배가 오른 것이다.

그 여파로 미국 전역에서 많은 부가 창출되었고 인수합병이 활발하게 일어났다. 인수합병을 하면 주가가 올라가고 경영이 효율

화된다는 전제하에 많은 기업이 서로 합치고 인수되면서 월가는 전성기를 맞이했다. 또한 각 대학의 비즈니스 스쿨이 활성화되었고 MBA가 전세계 비즈니스맨의 로망으로 대두되었다.

2000년대를 지배한 부동산

90년대 말 IT 붐이 일면서 주가는 더욱 폭등했다. 그때 역시 경기과열을 막기 위한 금리인상으로 주가가 폭락했고 2001년 9·11 사태 이후 계속 내려갔다. 그러자 연방준비제도이사회는 금리를 1퍼센트 수준으로 내려 80년대의 채권, 90년대의 주식에 이어 마지막으로 부동산 투자 붐을 일으켰다. 정부와 기업에 제한되어 있던 돈을 개인에게도 빌려준 것이다.

사람들은 너도나도 대출을 받아 집을 사기 시작했다. 이로 인해 플로리다와 캘리포니아는 2년 만에 집값이 두 배로 뛰었으며 동부는 3억 원짜리 집이 4억 원이 됐다. 대다수 사람들은 집값의 5~10퍼센트는 자기 돈으로 충당하고 나머지는 대출을 받아 집을 몇 채씩 사들였다. 그러고는 집값이 오르면 재빨리 팔아서 차익을 챙기거나 혹은 시세가 오른 집을 담보로 저렴한 융자를 받아 자동차를 사거나 호화로운 해외여행을 다녔다. 이것도 역시 월가가 크게 활성화되었기에 가능한 일이었다.

월가의 파멸을 부른 모기지 채권

부동산 투자 붐을 타고 비약적으로 성장한 워싱턴뮤추얼은 베어스턴스나 리먼브라더스와 경쟁하기 위해 자본시장(capital market)에 뛰어들어 모기지와 관련된 모든 것을 다뤘다.

미국 주택담보대출시장은 집을 사려는 개인들의 신용등급에 따라 크게 세 등급으로 나눌 수 있다. 신용등급이 높으면 프라임(prime), 낮으면 서브프라임(sub-prime), 그 중간은 알트에이(Alt-A ; Alternative-A) 모기지이다. 또 모기지 이자의 변동성 유무에 따라 변동금리모기지(ARM ; Adjustable Rate Mortgage)와 고정금리모기지(FRM ; Fixed Rate Mortgage)로 나뉜다.

사실 주택담보대출사업은 80년대 미국 최고의 채권 전문 투자은행이었으며 지금은 씨티그룹(Citi Group)에 합병된 살로먼브라더스(Salomon Brothers)에서 시작됐다. 당시만 해도 미국 주택시장의 원동력이었던 프레디맥(Freddie Mac)이나 패니메이(Fannie Mae)에서 보장해주는 모기지 채권만 발행했다. 씨티그룹은 이 모기지 채권 때문에 결국 정부의 보조를 받게 될 것이다. 씨티그룹은 400조 원이 넘는 모기지 채권을 가지고 있으며, 워싱턴뮤추얼도 30조 원 이상의 모기지 채권을 씨티그룹에 팔았다. 대외적으로 판 것이 그 정도이며 가지고 있는 모기지 채권은 줄잡아 100조 원이 넘는다.

90년대에는 모기지 채권이 여러 형태의 채권으로 나타났고 파생상품부터 옵션에 이르기까지 다양한 종류의 금융상품이 개발됐다. 2000년대에 접어들면서 부동산 투자 붐과 함께 패니메이와 프레디맥을 거치지 않고 모기지회사가 직접 기관투자자에게 파는 모기지 채권이 개발됐다. 이런 모기지 채권들은 패니메이나 프레디맥의 보장이 없기에 스탠더드앤드푸어스(Standard & Poor's)나 무디스인베스터스서비스(Moody's Investors Service) 같은 신용평가사에서 신용등급 판정을 받아 시장에 내보냈다.

이 과정에서 돈이 만들어졌다. 모기지를 사올 때는 단지 모기지일 뿐이다. 그러나 많은 모기지를 모아 큰 채권을 만들어 신용평가사의 신용등급 판정을 받으면 채권 가격이 정해지고 그에 따라 모기지회사의 이익이 결정된다. 즉 100원에 모기지를 사서 갖가지 모기지 채권을 만든 후 신용평가사의 신용등급 판정을 받아 팔면 101원을 벌 수 있다. 이런 방법으로 2000년 이후 2,000조 원에 이르는 모기지 채권이 발행됐다.

주식, 채권, 부동산은 금융시장을 대표하는 자산이라 해도 과언이 아니다. 지난 30년 동안 계속해서 오르기만 했던 이 세 개의 시장은 이제 추락할 일만 남았다.

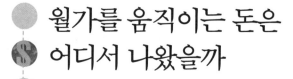

월가를 움직이는 돈은 어디서 나왔을까

전세계의 자금줄

지난 30년 동안 월가는 언제나 자본주의의 정점에 있었다. 무언가를 시작하려는데 돈이 필요하다면 월가에서 해결책을 찾을 수 있었다. 집이 필요한 개인은 월가에서 발행하는 모기지 채권 덕택에 모기지를 은행 장부에 묶어두지 않고 바로 내다 팔 수 있는 상업은행에서 쉽게 자금을 조달한다. 학비가 필요한 학생들은 월가에서 발생하는 학자금 채권 덕택에 빌려준 학자금 채권을 바로 파는 학자금 융자기관을 통해 쉽게 학비를 마련한다. 자동차 할부 대출과 신용카드 대출도 마찬가지다. 이와 같은 개인들의 모기지 채권, 자동차 할부 대출, 학자금 융자, 신용카드 대출은 월가를 통해 기관투자자에게 넘어간다.

기업 역시 마찬가지다. 기업에서 큰 사업을 시작하려면 초기에 많은 자금이 필요하다. 그러나 사업이 성공하고 궤도에 접어들어 향후 20년간 연 20퍼센트 수익률이 보장된다면 기업들은 월가에서 저렴한 비용으로 돈을 빌린다. 남의 회사를 사서 되팔아 이익이 난다면 월가에서 차입매수(LBO ; Leveraged Buyout)를 한다. 이러한 일련의 행위들은 일종의 정크본드의 개념과 유사하다. 물론 가장 큰 형님격인 미국 정부는 일찌감치 국채를 발행해왔으며 월가는 중간에서 수수료를 챙겼다. 게다가 돈의 흐름에 민감한 월가는 돈이 흐르는 방향으로 투자해 수익을 얻었다.

그렇다면 이렇게 많은 금융상품은 모두 누가 가지고 있을까? 물론 미국 내의 수요도 있지만 대부분 외국계 은행과 기관투자자, 그리고 각국 중앙은행이 가지고 있다. 그렇게 되면 다른 나라와의 관계에서 부채가 많은 미국이 열세일 수밖에 없다고 생각할 수 있다. 하지만 이는 나무만 보고 숲은 보지 못한 근시안적 사고다. 가령, 어떤 동네에 큰 부자가 산다고 하자. 그 부자는 많이 배운 데다가 막대한 돈과 권력을 가지고 있다. 그 동네의 작은 부자들은 큰 부잣집을 벤치마킹하며 유대관계를 맺는다. 그런 다음 작은 부자들은 큰 부자를 상대로 여러 사업을 한다. 큰 부자에게 물건을 사다가 내다 팔고 돈을 꿔주거나 빌리기도 한다. 살다보면 언제나 경기가 좋을 수는 없기에 큰 부자도 고전하게 된다. 큰 부자가 어려운데 나머지 작은 부자들이라고 멀쩡하겠는가.

최근 금융위기에도 여전히 미국 달러는 상승세이고 미국 국채가 비싼 이유가 여기에 있다. 모든 것이 파산하면 결국 큰 형님, 즉 큰 부자에게 기댈 수밖에 없다. 미국은 그 많은 돈을 모두 써버린 것이 아니라 각 나라에 굉장한 금액을 투자해두었다. 그 많은 중국 물건들은 누가 샀으며, 일본 자동차와 한국 자동차는 누가 구입하겠는가? 눈에 보이는 것만을 보고 판단해서는 안 된다. 자본주의를 지탱하는 것은 소비이며 소비를 많이 할수록 경제가 커진다. 물론 누군가가 소비를 지탱하는 돈을 대줘야 할 것이다. 1980년 이후 레이건 대통령의 공급 정책에 힘입어 전세계는 먼저 사고 나중에 갚는 신용사회에 접어들었다. 월가는 이러한 개인과 기업, 정부의 소비 원천이었던 것이다.

먹고 먹히는 머니 게임

그렇다면 월가를 움직이는 돈은 어디서 나왔을까? 전세계 은행과 금융기관은 사실 월가에 투자한다. 지난 30년 동안 월가의 자본 수익률은 최고였으므로 전세계 돈이 월가로 몰리는 것은 당연한 결과다. 일본에서 자산 규모가 3~4위 은행인 스미토모 미쓰이 파이낸셜그룹(Sumitomo Mitsui Financial Group)은 일찌감치 골드만삭스에 투자했다. 한국의 대형 금융기관들도 메릴린치(Merrill Lynch)에 투자했지만 메릴린치가 뱅크오브아메리카(Bank of America)에 헐값에 팔리는 바람에 막대한 손해를 보았다.

월가에 투자한 대형 투자자로 중동의 기관들도 빼놓을 수 없다. '걸프만의 워런 버핏'으로 널리 알려진 알와디 빈 타랄 사우디아

라비아 왕자는 오래 전에 씨티은행의 개인 최대 주주가 됐다. 불행히도 씨티그룹의 주가가 1달러 밑으로 떨어져 맥도날드의 1달러 메뉴에 올라 있다는 농담까지 도는 지금 그의 손해가 막심할 것은 불 보듯 뻔하다. 이제까지 월가는 이들이 투자한 돈을 바탕으로 움직였다. 월가에서는 돈 놓고 돈 먹는 게임을 피할 수 없다면 위험부담을 크게 하는 것이 최선책이었다.

사람들은 골드만삭스가 가장 똑똑한 투자자라고 하는데 그들은 정권에 위탁하여 금융에 대한 모든 정보를 먼저 아는 이들에 불과하다. 리먼브라더스와 베어스턴스만이 망해야 한다고 생각한다면 큰 오산이며 골드만삭스도 본질적으로 그들과 같은 부류다. 단지 한때 이들 집단의 우두머리였던 미 재무장관 헨리 폴슨(Henry Paulson)의 연민에 힘입어 2008년 말 중앙은행에서 빌린 자금으로 하루하루를 연명해가고 있을 뿐이다.

재미있는 점은, 월가가 지금처럼 성장하기까지는 주주들이 투자한 돈이 전부가 아니라는 사실이다. 월가가 세계 경제의 수도 자리에 오르기까지는 채무관계를 맺고 돈을 빌려주는 많은 금융기관의 공이 컸다. 이들은 주주들이 투자한 돈의 수백 배에 이르는 돈을 채무관계를 통해 벌어들였다. 베어스턴스와 리먼브라더스는 이들 때문에 망했다고 해도 과언이 아니다. 이 부분은 뒤에서 자세히 다루기로 하겠다.

내가 일했던 워싱턴뮤추얼은 2004년 월가의 잔치에 동참했다. 부동산 투자 붐이 한창일 때는 한 달에 수조 원어치의 모기지를 샀다가 바로 돌아서서 팔았다. 이는 위험부담이 제로에 가까운 장사였다. 우리는 주식을 산 후 가격이 오르기만을 기다리는 것이 아니라 시장 간의 가격 차이를 이용해 한쪽에서 사서 다른 쪽에 팔아 이익을 취하는 소위 '차익거래(arbitrage trading)'를 했다. 이러한 방법으로 워싱턴뮤추얼은 수익이 많은 경우 한 달에 몇 백억 원을 5명도 안 되는 인원으로 벌어들였다. 더욱 놀라운 사실은 수조 원 대의 거금을 움직이는 워싱턴뮤추얼의 실질 자본은 제로에 가까웠으며 모두 신용을 담보로 빌린 자금으로 운용되었다는 점이다.

이리저리 짜맞춰보면 월가가 만든 금융상품은 대부분 월가에 돈을 꿔주거나 주주로 참여한 기관들이 사갔다. 쉽게 말하면, 돈을 굴리는 과정에서 가상의 이익이 난 셈이다. 갑이 을에게 팔고, 을은 다시 병에게 팔고, 병은 정에게 똑같이 하고, 마지막으로 병은 갑에게 팔면서 이익을 남긴다. 이 얼마나 좋은 장사인가. 그렇게 해서 얻은 이익으로 고급 차도 사고, 좋은 집도 사고, 호화로운 해외여행도 다닌다. 월가의 사람들은 음악이 멈출 때까지 춤을 추다가 서로의 의자에 앉는 의자 빼앗기 게임을 30년 동안 계속해왔던 것이다.

보이지 않는 돈 거래

월가의 자금줄은 이것만이 아니었다. 1980년 이후 성행한 세계화에 편승해 월가는 아시아권에서 주로 행해졌던 장부상에 나타나지 않는 부외거래(off balance sheet) 상품들을 만들어 이리저리 사고

팔아 자금을 조달했다.

AIG가 대표적인 예다. 원래 AIG는 생명보험과 자동차보험을 팔아 번 돈으로 안전한 채권에 투자하면서 이익을 남겨왔다. 그러다가 AIG가 더 많은 돈을 벌 수 있는 투자처를 모색하던 중 1987년 경제학자 출신의 금융전문가가 금융보험을 팔아보자고 제안해왔다. 당시에는 파생상품이 막 꽃을 피우기 시작하던 때로 여러 가지 가격 모델이 나왔다. 곧바로 AIG파이낸셜프로덕트(AIG Financial Products)가 만들어졌으며, 몇 명의 수학박사와 핵물리학 박사들이 모여 20년 후에 AIG를 말아먹을 준비를 시작했다.

AIG파이낸셜프로덕트는 다양한 종류의 파생상품을 거래했다. 호경기에 파생상품은 그야말로 노다지나 다름없었다. 생명보험을 팔았는데 아무도 죽지 않은 경우나 마찬가지였던 것이다. 파생상품을 실컷 팔아 초기에 프리미엄을 받은 후 아무 일 없이 만기가 되니 AIG에게는 거의 공돈이나 다름없었다. 약간의 헤지는 해야겠지만, 잘못돼도 처음에 많은 이익을 남겼기에 큰 손해는 없었다. AIG는 주로 이자율에 관한 파생상품과 상품(commodity)에 관한 파생상품, 그리고 AIG를 망하게 한 일등 공신인 신용부도스와프(CDS ; Credit Default Swap), 헤지펀드나 투자은행이 신용리스크를 피하기 위해 채권보증업체(모노라인)에 보험료(프리미엄)를 지불하고 신용리스크가 발생할 때 원금상환을 보장받는 신용파생상품을 취급했다.

1999년 말 나는 인터뷰 차 AIG파이낸셜프로덕트를 방문한 적이 있었는데 러시아 출신의 핵물리학 박사가 괴상한 수학문제를 내밀며 풀어보라고 했다. 그것은 모두 빠른 계산을 요하는 문제들로,

예를 들면 100!의 끝에 0이 몇 개나 붙는가를 물어보는 괴상한 문제였다. 그때까지만 해도 AIG파이낸셜프로덕트는 소수의 천재들이 모여 갖가지 파생상품을 거래하는 곳으로, 많은 파생상품 트레이더들에게 선망의 대상이었다. 개인적으로 나도 파생상품이라면 누구보다 빠른 계산력과 동물적 감각을 지녔다고 자부하는데 그 대열에 동참할 수 없었다.

2000년이 되자 AIG파이낸셜프로덕트는 회사를 통째로 말아먹을 프로젝트의 첫발을 내딛었다. 신용부도스와프가 등장한 것이다. 신용부도스와프는 모기지 채권과 더불어 많은 금융기관을 파산으로 몰아넣은 독극물이다.

한국의 재벌과 월가의 공통점

월가는 한국의 재벌과 매우 유사한 구조를 지녔다. 첫째, 소수의 사람들이 엄청난 양의 돈을 움직인다. 둘째, 절대로 남에게 사업 기법을 공개하지 않는 밀폐된 사회다. 알고 보면 월가에서 돈을 버는 것이 매우 어려운 일은 아니며 핵폭탄을 만드는 것보다 훨씬 쉽다. 중요한 것은 별 것도 아닌 일을 마치 대단한 비밀인 양 포장해 왔다는 점이다. 최근 몇몇 한국 기자들과 대화하면서 한국 사람들은 월가가 어떻게 돌아가는지를 잘 모른다는 사실을 알게 됐다. 많은 추측이 나돌지만 사실과 다른 부분이 너무나 많다.

재미있는 것은, 월가의 구조에 대해 경제학자들에게 물어본다는 사실이다. 경제학자들은 많은 책을 읽고 끊임없이 연구하지만 월가의 구조를 잘 모른다. 그들은 한 번도 전쟁터에 나간 적이 없는 군사전략가와 같다. 게다가 금융상품이 개발되고 그와 관련해 발생한 제반의 사건들은 모두 최근 10년 이내에 일어났으므로 학계에 자료나 정보가 구축되어 있지 않다. 잘 아는 와튼스쿨의 교수님도 그런 상품이 있다는 사실은 알지만 어떻게 거래되며 그것이 어떻게 경제를 망쳤는지에 대해서는 제대로 모른다.

마지막으로, 한국의 재벌과 월가는 30년 동안 전 국민을 먹여 살렸다. 재벌은 한국을, 월가는 전세계를 먹여 살렸다. 아이러니하게도, 지난 30년간 전세계를 먹여 살려온 이들이 지금부터는 전세계를 말아먹을지도 모른다. 금융상품으로 얽히고설킨 월가의 이해관계와 한국의 재벌 계열사 간의 복잡한 채무관계 또한 유사하다.

한국의 재벌과 월가가 결정적으로 다른 점은, 재벌은 혈연으로 연결되어 있지만 월가는 능력이나 실적에 따라 지위나 보수가 결정되는 메리토크라시(meritocracy : 실력주의 사회)라는 점이다.

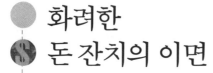

화려한 돈 잔치의 이면

베어스턴스, 리먼브라더스, AIG, 메릴린치, 그리고 씨티그룹까지 이들의 공통점은 모두 모기지 채권과 신용부도스와프 때문에 망했다는 것이다. 내가 일했던 워싱턴뮤추얼도 마찬가지다.

몰락의 시작은 베어스턴스

2007년 2월에 있었던 일이다. 베어스턴스에서 운영하는 헤지펀드에서 큰 손실이 났다는 소문이 나돌면서 갑자기 회사에 긴장감이 감돌았다. 그 헤지펀드는 평소에도 수익률 10배는 기본이었으며 당시에는 30배의 레버리지를 써서 1개월 만기 리보금리(LIBOR ; London Inter-Bank Offered Rate, 런던의 은행들이 서로 돈을 꿔줄 때 적용하는 이자율) 0.2퍼센트에서 0.3퍼센트를 더 받는 부채담보부증권 (CDO)을 샀다.

다시 말해서, 1개월 만기 리보금리로 돈을 빌려 0.2퍼센트에서 0.3퍼센트를 더 받고 30배로 부풀려 0.3퍼센트×30배=9퍼센트의 차익거래이익(arbitrage profit), 즉 위험부담이 없는 수익을 냈다. 이것은 돈을 빌려 아파트 30채를 산 후 월세를 내줘서 9퍼센트의 수익을 냈다는 얘기다.

여기서 위험부담이 없는 수익이란 이자율 변동의 위험부담이 없다는 뜻이다. 빌린 돈은 현금이지만 사는 자산은 금융상품이기 때문에 시간이 지나면 채무액은 그대로 있지만 자산 가격은 변하게 된다. 2007년 2월 말 미국의 대형 모기지업체인 뉴센츄리파이낸셜(New Century Financial)이 도산하는 바람에 서브프라임 모기지를 포함해 CDO의 가격이 폭락했다. 베어스턴스의 헤지펀드는 펀드 자산 1조 원을 담보로 29조 원을 빌려 AAA 등급 CDO를 30조 원어치 샀다. 30조 원에서 가격이 3퍼센트만 내려가도 베어스턴스 헤지펀드의 자기자본 1조 원은 흔적도 없이 사라지는 지경에 이른 것이다.

모기지 시장을 뒤흔든 버냉키의 금리인상

최근 5년 동안 계속해서 오르던 CDO 가격은 순식간에 폭락하기 시작했다. 그렇다면 잘나가던 서브프라임 모기지는 왜 한순간에 몰락했을까? 벤 버냉키(Ben Shalom Bernanke) 연방준비제도이사회 의장은 2005년부터 경기과열을 막기 위해 급격히 연방기금금리를 올려왔다. 처음 2년 동안 2퍼센트 수준을 유지하던 서브프라임 모기지 금리는 이후 변동금리로 바뀌면서 금리 상승분에 마진까지 더해 순식간에 9~10퍼센트가 됐다. 한 달에 1,000달러를 내던 모기지가 갑자기 3,000달러를 훌쩍 넘기게 되었는데 그 돈을 어디서 구하겠는가?

집을 살 때는 앞으로 집값이 오를 거라 기대하고 2년 동안 저렴한 이자를 내다가 이자가 오를 때쯤 다른 모기지로 갈아타거나 집을 팔아서 수익을 내면 된다고 생각한다. 집주인은 집을 팔아 돈을 벌고, 모기지 업체는 수수료를 챙기고, 나 같은 월가의 트레이더는 모기지 채권을 만들어 기관투자자에게 팔 수 있다. 이처럼 누이 좋고 매부 좋은 일이 계속된다면 얼마나 좋을까?

어쨌거나 베어스턴스에서 운영하는 헤지펀드에 관한 나쁜 소문으로 2월 내내 주춤하던 주식시장은 3월이 되자 아무 일도 없었다는 듯 다시 올라갔다. 그해 6월까지는 예전처럼 한 달에 3조 원 이상 모기지 채권을 발행했다. 그런데 7월에 접어들면서 갑자기 기관투자자들이 모기지 채권을 사지 않겠다고 선언했다.

그 즈음 나는 가족들과 함께 노스캐롤라이나의 작은 섬에서 휴가를 즐기고 있었다. 내 book(모기지 파생상품과 헤지들이 기록된 장부)은 나 이외에 아무도 건드릴 수 없기 때문에 나는 하루에 한 번씩 회사에 전화를 걸어 장부의 돈을 얼마나 잃었고 벌었는지를 확인했다. 당시 내가 회사에 전화를 걸어 확인했을 때마다 시장에는 아무 일도 없었다. 주식시장은 계속 하락세를 보였고 국채시장은 계속 올라갔다.

휴가에서 돌아온 7월 말의 월요일 아침, 매매 입회장이 유난히 썰렁했다. 회사는 7월에 진행하기로 예정되어 있던 3조 원 이상의 거래를 다음 달로 연기했다. 그때까지만 해도 파이프라인(pipeline : 매달 나가기 위해 지속적으로 쌓아둔 모기지들)이 줄잡아 20조 원가량 됐다. 8월 초 2월에 소문이 무성했던 베어스턴스 헤지펀드가 도산했고 3조 원 이상이 공중 분해되었으며 여전히 시장은 주춤했다.

9월에는 회사에서 절반 이상의 트레이더와 스트럭쳐러(structurer : 채권을 그때그때 필요에 따라 이리저리 쪼개고 붙이는 일을 하는 사람), 세일즈 담당자를 해고했다. 나는 해고 대상자에 포함되지 않았지만 심리적으로 굉장히 위축되어 있었다. 당시 나는 한창 주가를 올리고 있었으며 잘하면 1~2년 내에 1백만 달러를 바라볼 수도 있었다. 그러나 2007년 초부터 무너지기 시작한 금융시장은 2007년 중반에 이르자 완전히 무너졌으며, 덩달아 나의 앞날도 먹구름이 몰려왔다.

헤지펀드의 줄도산과 천문학적 규모의 손실

2007년 9월 나는 이것은 시작에 불과하며 소위 신자유주의 금융경제는 조만간 사라지리라 확신했다. 그 시기가 언제일지는 정확히 알 수 없었지만, 전세계 금융시장은 혼란에 빠지고 세계 경제는 큰 공황을 맞이하게 되리라 예감했다. 이와 관련해 동료들과 열띤 논쟁을 벌였지만 의견이 분분했다. 동료들 역시 심리적으로 매우 불안한 상태였다. 나보다 10년 먼저 월가에 들어온 MIT 수학과 출신으로 유대인인 내 보스는 2006년에 이미 300만 달러를 벌었다. 부자들의 별장이 즐비한 뉴욕 주 이스트햄프턴에 수백만 달러짜리 별장을 가지고 있으며, 자녀들은 최고급 사립학교에 다니며 온갖 과외를 받고 있다. 그런 그도 불안하기는 마찬가지였다.

10월이 되자 몇몇 헤지펀드가 도산했다. 과도한 레버리지를 한 펀드들은 예외 없이 무너졌다. 신기한 것은, 그럼에도 주식시장에는 별다른 영향을 미치지 않았다는 점이다. 그후 1년이 지난 2008년 9월부터 주식시장은 본격적인 하락세를 보였다. 그러나 2007년 10월에는 주식시장이 무너질 거라고 말해도 아무도 믿지 않았다. 내가 주로 취급하던 옵션변동금리모기지 AAA 등급 채권이 2007년 10월쯤에 80달러 선으로 떨어졌다. 모두 100달러에 팔던 채권이었는데 당시 내가 판 것만 해도 50조 원은 족히 됐다. 2008년 11월에는 같은 채권의 가격이 40달러로 떨어졌다.

2001년부터 발행한 패니메이나 프레디맥을 거치지 않고 거래한 채권이 약 2,000조 원이므로 50퍼센트를 잃었다고 치면 그 손실액은 1,000조 원에 이른다. 국제통화기금(IMF)에서 집계한 손실액이 약 1,200조 원이므로 크게 틀린 계산은 아니다. 여기서 말하는 1,000조 원은 모기지만 포함되며 주식과 상업 부동산, 회사채 등을 모두 더하면 손실액은 천문학적 규모에 이른다.

이처럼 어마어마한 손실이 한꺼번에 드러나지 않은 이유는 주식을 제외한 나머지 자산은 모두 장외에서 거래되기 때문이다. 장외거래는 거래가가 수면으로 드러나지 않기 때문에 포트폴리오 매니저들이 자산 가격을 내리지 않았던 것이다. 그들은 자산 가격이 떨어지지 않아야 하루라도 더 생존할 수 있다고 생각했다.

투자회사에서는 직책이 높을수록 실제 자산 가격을 잘 모른다. 10년 전 LTCM 파산으로 3조 원을 잃었을 때만 해도 월가는 매우 들썩거렸다. 당시에도 리먼브라더스가 도산한다는 설이 나돌았지만 1년 후 제자리를 찾고 안정세를 회복했다. IT 붐이 한풀 꺾였던 2001년에도 월가는 한차례 흔들렸다. 그러나 2년이 지난 2003년 부동산 붐에 힘입어 모든 것이 다시 정상으로 돌아왔다. 그후 월가는 엄청난 레버리지로 미친 듯이 모기지를 사 모았으며 급기야는 돈이 돈으로 보이지 않는 지경에 이르렀다.

1998년 LTCM이 파산하고 10년이 지난 지금, 그 손해가 수십 배로 불어났지만 그렇다고 경제 규모가 수십 배로 커진 것은 아니다. 고작해야 경제는 7~8퍼센트 성장하면서 금융자산은 20~30퍼센트 수익률이 나온다는 것이 상식적으로 이해되는가?

화를 부른 레버리지

결국 월가는 탐욕 때문에 망했다. 미국 정부는 1998년과 같은 잘못을 반복해서는 안 된다. 2007년 당시 투자은행의 레버리지는 100배가 넘는다. 이는 자기 돈 100원으로 1만 원을 빌려 장사한다는 의미로, 자산의 1퍼센트만 떨어져도 자기 돈 100원은 흔적도 없이 사라진다. 이런 레버리지로는 리스크 관리 자체가 불가능하다.

레버리지는 분명 필요하다. 사람들은 돈을 빌릴 것이고, 공익을 위한 사업이라면 처음에 들어갈 돈을 누군가가 빌려줘야 할 것이다. 그러나 과거 10년간 월가의 레버리지는 도를 넘어 광기에 가까웠다. 월가의 모든 사람들이 그러했듯이 나도 광기어린 행동에 동참했다. 모기지 채권 파생상품 거래가 흥미롭고 재미있었다.

그렇다고 월가가 하는 일 자체가 잘못되었다는 말은 아니다. 그 중에는 좋은 취지로 시작했거나 혹은 여러 가지 공익에 도움이 되는 일도 분명 있었다. 가령, 대형 발전소는 건설하는 데 많은 돈이 필요하지만 일단 완성되면 많은 사람들에게 편의를 제공할 수 있다. 만약 발전소를 빌미로 서로 담합해 전기료를 올리거나 발전소 간에 불필요한 인수합병을 남발한다면 이는 특별한 소수만을 위한 행위가 된다.

모기지 역시 집을 사기 위해 반드시 필요하지만 한 사람이 돈을 빌려 집을 10채씩 산 후 되팔기를 반복한다면 이는 몰락의 징조다. 월가도 처음에는 좋은 의도에서 출범했지만 30년이 지난 지금은 돈이 전부인 곳으로 전락했다.

공룡 투자은행들, 왜 휘청이나

공정하지 못한 게임

월가는 처음부터 공정하지 못했다.

2004년 연방기금금리가 1퍼센트 수준을 유지할 당시, 월가는 주정부와 시정부를 비롯한 미국 전역에 엄청난 양의 파생상품을 팔았다. 투자회사의 세일즈 담당자들은 변동금리가 1퍼센트이고 고정금리는 3퍼센트이므로 이자스와프를 하면 1퍼센트만 내고 3퍼센트를 받을 수 있다며 투자자들을 유혹했다. 1,000억 원이면 1년에 20억 원(3퍼센트-1퍼센트=2퍼센트)이 공짜로 들어온다는 것이다.

변동금리가 1퍼센트일 때 어떻게 고정금리가 3퍼센트가 될 수 있는가에 대해 답하려면 복잡한 계산이 필요하므로 생략하기로 한다. 사실 이런 복잡한 계산은 트레이더들만 알고 있으며 세일즈 담당자들도 제대로 모른다.

2006년 경기과열을 막기 위해 연방준비제도이사회에서 연방기금금리를 5퍼센트로 올렸다. 그 여파로 이전까지 1퍼센트였던 변동금리가 순식간에 5퍼센트로 오르면서 미국 전역의 투자자들은 많은 이자를 부담해야 했다. 무엇인지도 모르고 무턱대고 샀던 파생상품이 한순간에 독극물로 변해버린 것이다.

1997년 한국에서도 이와 유사한 일이 있었다.

SK와 JP모건 사이에 태국과 인도네시아 환율을 이용한 외환 파생상품과 관련해 아주 복잡한 일이 벌어졌다. 당시 태국과 인도네시아에서 건설사업을 하던 SK는 태국과 인도네시아 화폐를 사고 달러를 파는 스와프를 했는데 아시아 금융위기 이후 태국과 인도네시아 환율이 폭락하면서 SK는 JP모건에 수조 원을 배상해야 했다.

이와 관련된 뒷얘기는 자칫 물의를 빚을 수 있으니 여기서는 생략하기로 한다.

중요한 점은 월가가 어떤 상품인지도 모르는 사람들을 상대로 위험한 금융상품을 팔았다는 것이다. 이는 프로 야구선수와 동네 야구선수가 하는 게임처럼 결과가 뻔하다.

물론 기업들이 환율변동에 따른 영향을 최소화하기 위해 헤지하기도 하지만 그런 경우 돈을 벌기 위한 목적이 아니므로 큰 문제는 없다. 하지만 동네 야구선수와 프로 야구선수의 경기에서 친선도모보다 승부에 관심을 갖는다면 이는 크게 잘못된 것이 아닐까?

골드만삭스의 감언이설

이번 금융위기의 핵, 골드만삭스에 대해 잠시 알아보자.

원래 골드만삭스는 인수합병을 전문으로 하는 회사였다. 그들은 기업의 인수합병에 관심을 갖고 그 여파로 변동하는 주가를 주시하며 과감하게 베팅해 돈을 벌었다. 그 주역이 클린턴 정부 시절 재무장관을 역임한 로버트 루빈(Robert Edward Rubin)이다. 루빈은 하버드대 법학부를 졸업한 전형적인 하이클래스다.

골드만삭스가 돈을 버는 방법은 간단하다. 현재 1배럴당 50달러인 원유가격이 오르고 있으며 앞으로도 계속 오를 것 같다고 하자. 그러면 골드만삭스는 수십조 원에 이르는 막대한 자금을 투입해 엄청난 양의 원유 선물을 사들인다. 곧바로 현재 경기가 좋아지고 있으며 중국에서 엄청난 양의 원유를 소비할 것으로 예측되므로 6개월 후 원유가격이 100달러에 이를 거라는 애널리스트의 발표를 낸다. 이 소식을 듣고 투자자들은 원유로 몰려들게 되고 유가는 순식간에 100달러에 이른다. 골드만삭스는 이 틈을 놓치지 않고 보유한 원유 선물을 매각해 투자금의 2배를 벌어들인다.

2008년 8월 15일에도 골드만삭스는 11월 중순이면 유가가 1배럴당 145달러에 이를 거라는 예측을 내놓았다. 그러나 2008년 11월 25일의 유가는 1배럴당 50달러 안팎을 유지했다. 2007년 이후 사람들은 더 이상 골드만삭스를 비롯한 투자은행들의 이와 같은 감언이설을 믿지 않는다.

지금까지 골드만삭스는 이런 방법으로 돈을 벌어왔다. 그들은 목소리 크고 힘센 사람이 이기는 세상에서 단지 목소리가 크고 힘이 셌을 뿐 특별한 투자 노하우나 전략은 없었다. 그렇다고 골드만삭스가 금융 분야의 최강자에 등극한 것도 아니다. 골드만삭스는 금융 분야의 최강자가 되기 위해 부단히 노력했지만 번번이 실패했다. 그들은 대다수의 분야에서 돈을 잃고 몇몇 분야에서 엄청난 돈을 벌어 손실을 메웠다.

물론 골드만삭스가 지난 30년 동안 월가에 미친 영향을 무시할 수는 없다. 골드만삭스는 많은 재무장관을 배출하며 월가의 성장에 막대한 역할을 했다. 최초로 골드만삭스의 여성 파트너가 된 A.C.는 그들이 매일같이 입버릇처럼 내뱉어온 주가가 오른다는 말이 맞아떨어지면서 횡재한 대표적 인물이다. 그녀도 역시 2007년 말 S&P500지수가 고전을 면치 못할 때 2008년 초에는 1,500포인트 수준으로 회복될 거라고 단언했다. 하지만 2008년 11월 말 S&P500지수는 900포인트도 채 안 됐다. 유가 사례와 비슷하다.

골드만삭스는 처음부터 모기지 사업에 약했다. 2003년 골드만삭스는 모기지 분야의 강자로 거듭나기 위해 많은 노력을 기울였다. 나처럼 모기지 파생상품을 거래하던 C.D.라는 트레이더도 거기에 동참했다. 그는 미 육군사관학교인 웨스트포인트(West Point)를 졸업하고 잠시 현역에 있다가 와튼스쿨에서 MBA를 마친 후 골드만삭스에 들어갔다.

이 친구는 골드만삭스의 일원이라는 자부심이 너무나 강한 나머지 항상 남보다 비싸게 모기지를 샀다. 다른 사람이 100원 주고 사는 것을 그는 101원에 샀다. 월가에서는 보통 수조 원 단위로 거래되기 때문에 1퍼센트 차이라도 수백억 원의 차이가 난다. 그는 언제나 101원에 사서 103원에 팔기를 기대했다. 앞에서 얘기했던 원유와 같다. 시가 10억 원짜리 아파트를 11억 원에 사겠다는 사람이 저능아가 아니고 무엇이겠는가. 결국 그는 해고됐다.

나는 지금도 골드만삭스의 비즈니스 모델을 이해할 수가 없다.

Level 3 자산 가격의 하락

2007년 여름 골드만삭스는 고객에게 CDO를 팔고 돌아서서 곧바로 CDO를 헤지했다. 고객을 보호하기는커녕 제 잇속을 챙기기에 바빴던 것이다. 중개인이기 때문에 어쩔 수 없다는 변명은 더 이상 통하지 않는다. 당시 대부분의 투자은행들은 상당한 양의 모기지 채권을 가지고 있었다. 가지고만 있어도 가격이 오르는데 그들은 왜 팔았겠는가? 정보와 시장 흐름에 민감한 월가의 특성상 골드만삭스뿐 아니라 다른 투자은행들도 당시 상황이 얼마나 심각한지를 잘 알고 있었다.

골드만삭스를 비롯한 리먼브라더스, 베어스턴스, 메릴린치 등의 투자은행들은 당시 'Level 3'이라는 자산을 가지고 있었다. Level 3는 모기지 채권 중에서도 가격을 쉽게 평가할 수 없는 매우 위험한 채권으로, 처음 3~5년간은 이자는 물론 원금도 제대로 받지 못하지만 이후에는 엄청난 금액이 들어온다. 시장 가격은 액면가의 2퍼센트밖에 되지 않지만 액면가가 수백조 원이 넘어간다. 이 Level

3 자산에 일본의 골프장들이 상당수 포함되어 있다. 투자은행들은 Level 3 자산의 가격을 제멋대로 책정했다. 예를 들어, 2원짜리 자산이 실제로는 1원도 받기 힘들다면 액면가 10조 원이면 한순간에 1,000억 원이 손실되는 것이다.

시장이 붕괴되기 시작한 2007년 여름부터 이 Level 3 자산 가격은 형편없이 떨어졌다. 물론 그것을 팔던 투자은행의 주가도 함께 떨어졌다. 알다시피, 자산에서 부채를 빼면 주식이 남는데 주가가 떨어지더라도 부채는 변함없다. 100원을 빌린 것은 100원 그대로 남아 있다. 자산 가격과 주가가 함께 떨어지면 엄청난 레버리지를 한 기업들은 살아남을 길이 없다. 베어스턴스가 파산하기 일주일 전, CEO가 TV에 출연해 "우리 회사는 유동자금이 20조 원 이상 보유하고 있으니 걱정하지 말라."고 했다. 저능아가 아니고서야 누가 이 말을 믿겠는가. 그리고 그 20조 원이 어디 베어스턴스의 돈인가, 채무자가 요구하면 바로 넘겨줘야 하는 돈이다.

베어스턴스와 리먼브라더스가 파산한 이유가 바로 여기에 있다. 불안한 채무자들이 곧바로 자금을 회수하니 당장 회사 운영이 불가능해진 것이다. 대부분의 투자은행은 하루에도 수십조 원의 자금이 오가는데 채무자들에게 줄 돈이 없었다.

소문에 의하면, 당시 미 재무장관이었던 헨리 폴슨이 골드만삭스의 CEO일 때 리먼브라더스를 매우 싫어했다고 한다. 리먼브라더스가 파산하기 1시간 전이라도 긴급회의를 소집해 구해줄 수 있었는데 그는 아무런 조치를 취하지 않았다. 그러고는 재빨리 골드만삭스와 모건스탠리를 상업은행으로 전환해 연방준비은행의 보조를 받게 했다.

태풍의 핵, 공룡 투자은행의 파산

월가는 정보 전쟁이 치열한 곳으로 어떤 정보라도 가장 먼저 입수한다. 월가의 투자은행들은 많은 정보를 바탕으로 고객보다 먼저 주식이나 채권 혹은 원유의 포지션을 해놓는다. 그런데도 그들이 망할 수밖에 없었던 이유는 너무 비대했기 때문이다.

예상치 못한 거대한 힘이 지구를 강타했을 때 가장 먼저 죽은 것은 지구를 지배했던 공룡이었다. 태풍의 한복판에 있는 사람은 태풍을 피할 수 없다. 이번 사건은 태풍보다 더한 재앙이 엄청난 속도로 전세계를 강타한 대재앙이다. 자산이란 자산은 모조리 가격이 떨어질 것이다. 대출을 받아 많은 자산을 사들인 부자들은 부채는 그대로 남아 있고 자산 가격은 형편없이 떨어질 것이다.

소위 똑똑하다는 경제학자들의 이론도 더 이상 통하지 않는다. 1990년 노벨 경제학상을 수상한 윌리엄 샤프(William Sharpe)는 '샤프비율(Sharpe Ratio : 안정성을 고려한 수익률 지표)'을 개발해냈다. 간단히 말하면, 이 이론은 레버리지에 관계없이 자산 수익률은 위험부담에 정비례한다는 것이다. 즉 내가 10퍼센트를 번다면 같은 수준으로 위험을 10배로 늘릴 경우 위험은 그대로 있지만 나는 100퍼센트를 벌게 된다. 얼핏 듣기에는 그럴듯하다. 하지만 이번 사건은 샤프비율이 얼마나 잘못된 이론인지를 증명해준다. 사람들이 제 잇속을 챙기기에 급급하면 결국에는 다 같이 망한다는 것이 이번 사건의 가장 큰 교훈이다.

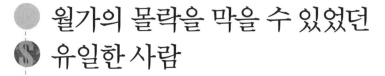

월가의 몰락을 막을 수 있었던 유일한 사람

월가의 저승사자 등장

막무가내의 월가에 정면으로 도전한 한 사람이 있었다. 그는 바로 엘리엇 스피처(Elliot Spitzer)이다.

그는 유복한 유대인 가정에서 태어났다. 뉴욕 시에 위치한 최고의 명문 사립학교 호레스 만(Horace Mann)을 졸업한 후 프린스턴대를 거쳐 하버드대 법학대학원을 마친 최고의 엘리트였다. 민주당 소속이며 1999년부터 2006년까지 뉴욕 주 검찰총장으로 재직하면서 뉴욕 금융가의 불법 행위를 집중 수사해 '월가의 저승사자'라는 별명을 얻었다.

그가 검찰총장으로 재직할 당시 월가는 IT 버블이 꺼지고 차츰 회복세를 보이고 있었다. IT 붐이 한창일 때 월가는 도덕적이지 못한 행동을 일삼았다. 보통 투자은행은 주식이나 채권을 팔기 위해 리서치 자료를 만든다. 골드만삭스 한국 지사의 리서치 부문(research department)에 있는 내 친구는 한국 주식을 해외 기관투자자들에게 팔기 위해 매일같이 보고서를 작성하고 6개월 예상가 등을 적어내곤 한다. 또 외국을 돌아다니면서 기관투자자들과 만나 왜 한국 주식을 사야 하는지를 선전한다. IT 붐이 한창일 때 월가의 투자은행들도 내 친구와 똑같은 일을 했다.

당시 IT 업체들은 기업공개(IPO : 처음 주식을 상장하는 일)를 하느라 바빴는데, 기업공개 업무를 빼앗아오기 위해 월가는 리서치 부문과 모의해 엉터리 보고서를 만들었다. 실제로는 실적이 전혀 없는 동물 사료를 파는 회사를 엄청난 성장 잠재력을 보유한 벤처기업인 양 포장한 것이다. 기업공개에서 나오는 수수료가 쏠쏠했으므로 투자은행들은 너도나도 리서치 보고서를 써내기에 바빴다.

스피처는 2002년 말부터 기업공개 분야에 관심을 갖기 시작했다. 투자은행에서 리서치 부문과 인수합병(M&A, 기업공개를 담당하는 부서) 부문은 엄격히 분리되어 있는데, 당시 두 부문이 서로 짜고 투자자들을 속였다. 속였다기보다는 비겁한 짓을 했다는 것이 좀 더 정확한 표현이다. 스피처는 많은 투자은행들을 기소해 승리한 후 1조 4,000억 원이라는 어마어마한 벌금을 월가에 물렸다.

2003년에는 뮤추얼펀드의 사기 행위를 들춰냈다. 뮤추얼펀드는 시장 구조상 오후 4시 이후에 사고파는 것은 다음날 종가를 따른다. 주식시장이 폐장하는 오후 4시 이후에는 모든 주식의 가격이 결정되므로 펀드 가격 역시 결정된다. 4시 이후에 넣은 거래 주문을 4시 가격에 맞춰 사거나 팔면 폭리를 취할 수 있으므로 다음날 종가로 거래했던 것이다. 그런데 몇몇 투자은행들과 헤지펀드들이 서로 짜고 4시 이후에 넣은 거래 주문을 4시 이전에 넣은 양 전산 처리해서 폭리를 취했다. 이는 명백한 사기다.

이 일로 스피처는 다시 한 번 월가에 수천억 원대의 벌금을 물렸다. 2004년에는 재보험회사들의 가격 결정 과정을 파헤쳐 많은 회사에 벌금을 물렸다. 스피처는 월가에게는 공포의 대상이자 눈엣가시였지만 월가의 반대편에서 보면 정의의 사도 로빈후드나 다름없었다.

허망한 스피처 스캔들

이와 같은 뉴욕 주 검찰총장 시절의 업적에 힘입어 2006년 그는 뉴욕 주지사에 당선됐다. 뉴욕 주 상원의원인 힐러리 클린턴과 가깝게 지내며 민주당의 차세대 정치 지도자로 주가를 높였다. 그런데 힐러리가 오바마와 한창 경선을 벌이던 2008년 3월 폭탄이 터졌다. 미 연방수사국(FBI)이 진행 중이던 고급 매춘단 검거 사건에서 드러난 주요 고객 9번이 스피처라는 사실이 밝혀진 것이다.

결론부터 말하자면, 이 일로 스피처의 정치적 생명은 끝났고 힐러리도 큰 타격을 입었다. 나의 소견으로는 힐러리가 경선에서 진 것도 이 일 때문이 아닌가 싶다. 만약 힐러리가 오바마를 누르고 경선에서 승리했다면 맥케인을 이기는 것은 식은 죽 먹기나 다름

없었다. 힐러리가 대통령이 되었다면 당연히 스피처도 한자리를 차지했을 것이다. 혹 법무장관이라도 된다면 월가를 물고 늘어질 것은 불 보듯 뻔하다.

이것은 순전히 내 생각인데, 오바마의 경선 승리 배후에는 월가가 있었을 것이다. 오바마와 스피처는 같은 연배로 하버드대 법대 동문이며 그들의 부인들 역시 하버드대 법대 출신이다. 게다가 오바마의 부인은 스피처와 프린스턴대 동기다. 프린스턴대는 캠퍼스가 아담해서 학생들이 모두 알고 지낸다. 뭔가 구린 냄새가 나지 않는가? 마치 옛 연인을 길거리에서 만난 것처럼 단순히 우연의 일치라고 보기에는 석연치 않은 점이 있다.

그 앞에 서면 모두들 벌벌 떨며 말도 제대로 못할 만큼 엄청난 권력을 가졌지만 스피처는 매우 외로운 사람이었다. 친구도 거의 없었다. 매춘부와 하룻밤을 보낸 워싱턴 D.C.의 호텔도 아는 사람의 이름을 도용했다고 한다. 화대 500만 원도 국세청에 적발되지 않기 위해 99만 원짜리 5개로 만들어(100만 원이 넘으면 장부에 적힌다) 일반 우편으로 보낼 만큼 그는 매사 철두철미했다. 파렴치한 짓을 일삼는 월가와 정면승부를 벌이며 비리척결에 앞장선 스피처는 500만 원짜리 창녀와의 스캔들 때문에 인생을 망치고 말았다.

스피처는 존 F. 케네디 대통령과 여러 모로 닮았다. 여자를 좋아했던 존 F. 케네디가 대공황 시절 재무장관을 지낸 아버지 조셉 케네디(Joseph Kennedy)와 같은 여자를 사랑했다는 사실은 널리 알려져 있다. 케네디 역시 미국을 주름잡던 마피아와 정면승부를 벌였으며 소문이지만 그들에게 암살당했다.

스피처 스캔들은 국가 차원에서 유능한 정치인을 잃은 사건이었다. 스피처가 사임하던 날 월가 투자은행의 중역들은 월가에 모여 샴페인을 터트리며 쾌재를 불렀다고 한다. 만약 스피처가 좀 더 길게 파헤치고 몰아세웠더라면 월가가 일찍 정신을 차리고 반성하며 제자리로 돌아왔을까? 어쩌면 월가는 한 사람이 정면으로 맞서 싸우기에는 너무 크고 강하며 정치적으로, 경제적으로 복잡하게 연결되어 있을지도 모른다.

2008년 3월 스피처 스캔들이 터졌는데, 아이러니하게도 그가 추락할 때 월가도 같이 추락했으며 그와 함께 월가도 재기불능이 됐다. 월가의 30년 역사를 통틀어 월가를 무릎 꿇게 한 유일한 인물인 스피처는 그렇게 허무하게 역사 속으로 사라졌다. 월가도 역시 사라져가고 있다.

월가의 미래를
예측하다

월가에 미래는 있을까?

나는 월가에서 모기지 채권을 만드는 등 돈의 흐름을 경험해본 결과, 솔직히 월가에 미래는 없어보인다. 그러나 월가가 없으면 민생의 기반시설을 구축하는 데 문제가 생긴다.

모기지 채권은 계속 발행될 것이고 사람들은 집을 사고팔 것이다. 지금 추세로 볼 때 가장 먼저 일어날 일은 부실은행—대부분의 은행이 부실하다고 해도 과언이 아니다—이나 부실기업이 어떤 형태로든 정부 산하로 들어갈 것이다.

예를 들어, 이번 금융위기로 휘청거린 AIG나 패니메이, 프레디맥 등은 정부에서 엄청난 규모의 자금을 투입해 지분의 79.9퍼센트를 소유하고 있다. 씨티그룹에는 20조 원을 투입해 정부가 여러 가지 지원을 해주기로 약속했다.

구제자금은 어떻게 조달할 것인가

문제는 정부가 그 돈을 어떻게 조달하느냐에 있다. 일반적으로 미 재무부는 두 가지 방법으로 자금을 조달한다. 첫째, 지난 수십 년 동안 해왔던 것처럼 미국 국채를 발행하는 것이고, 둘째 의회에 구걸하는 것이다. 두 가지 모두 국민에게 직접적인 부담을 주고, 많은 정치인이 관련되고, 매스컴의 영향을 받는다.

사실 재무부 채권은 눈에 띄지 않는 범위 내에서 기관투자자들이 사간다. 이번에 미국 정부는 경기부양 자금 700조 원을 조성하기 위해 의회의 동의를 받아내는 데 엄청난 노력을 기울였다. 처음에 하원에서 기각되어 한바탕 소란이 벌어지자 당시 재무장관인 헨리 폴슨이 하원에 애원하고 마지막에 하원의원장 앞에서 무릎까지 꿇어가며 통과시켰다.

폴슨은 참 재미있는 사람이다. 골드만삭스를 군대식으로 통치했던 그는 이번에 의회도 같은 방법으로 다스리려다가 큰코다쳤다. 신참 재무장관이 골드만삭스를 다루듯 자신들을 통치하려 들자 하원의원들이 국채 발행안을 기각시켰던 것이다. 폴슨은 한방 먹고 정신이 번쩍 들어 하원의장 앞에서 무릎을 꿇어야 했다.

사실 폴슨은 개인 재산도 매우 많다. 골드만삭스 주식이 현재 주당 50~60달러(2008년 11월 말 당시) 정도 되는데 2006년 6월 재무장관이 되면서 주당 150달러에 가진 주식을 모두 팔아 5,000억 원을 벌었다. 일설에 의하면, 부시와 합의해 주식을 팔아 번 돈에 대해 세금을 한 푼도 안 냈다는 얘기도 있다.

재무부 외에 돈을 주물럭거리는 기관은 전지전능한 연방준비은행이다. 연방준비은행은 공기관도 아니고 그렇다고 사기관도 아닌 매우 특이한 성격을 띤다. 혹자는 만약 자기 강아지가 연방준비은행 총재의 승용차에 치어 죽어도 국가를 상대로 소송을 낼 수 없다고 한다. 말인즉슨, 연방준비은행은 공기관이 아니라는 소리다.

연방준비은행에서 이번 사건을 해결하기 위해 풀어놓은 돈은 자그마치 7,400조 원에 이른다. 이 기관은 상하원 의원들에게 승낙을 받을 필요 없이 자기들끼리 논의하고 결론을 내리면 돈이 만들어진다. 연방준비은행은 재무부처럼 기업을 직접 소유하지는 않는다. 대신 재무부가 감당하지 못하는 자산을 받아들이고 그것을 담보로 돈을 꿔준다. 말 그대로 시장에 유동성을 공급해주는 것이다. 은행이나 금융기관의 모든 돈은 연방준비은행을 통해 들어오고 나간다. 연방준비은행은 전산으로 거래금액에 0이 몇 개나 붙었는지를 확인하고 여기저기 은행에 돈을 보내준다.

인플레이션보다 디플레이션이 걱정이다

혹자는 이렇게 돈을 많이 풀면 인플레이션이 발생할 수 있다며 걱정할지도 모른다. 하지만 그것은 하나는 알고 둘은 모르는 말이다. 인플레이션은 공급에 비해 수요가 많을 때 일어나는 현상인데 지금은 수요가 없다. 배럴당 150달러 하던 원유 가격이 1년도 채

안 돼서 60달러 수준으로 오르락내리락 하고 있다. 간단히 말해, 수요가 3분의 1 수준으로 줄어들었다. 몇 년 후에 이 모든 상황이 정리되고 다시 수요가 생기면 인플레이션이 발생할 수 있겠지만, 지금처럼 자산 가격이 형편없이 떨어진 상황에서는 오히려 디플레이션의 우려가 더 크다. 디플레이션은 한마디로 거꾸로 성장하는 것이다. 물가가 떨어지고 생산이 멈추고 경제가 침체된다. 디플레이션은 제2차 세계대전 이후 한 번도 경험해본 적이 없기에 어떤 일이 벌어질지 아무도 예측할 수 없다.

확실한 것은 레버리지를 줄이면 자산 가격의 하락이 급속화된다는 점이다. 내 소견으로는 전세계적으로 현재의 레버리지는 줄잡아 1 대 10인 듯하다. 참고로 이 수치는 전적으로 내 개인적인 생각이며 확실한 근거를 갖고 있는 것은 아니다. 정상적인 레버리지가 1 대 3이라면, 즉 예전에는 내 돈 1억 원이 있다면 10억 원을 더 빌릴 수 있었지만 이제는 내 돈 1억 원으로 3억 원밖에 못 빌린다. 다시 말하면, 100억 원짜리 자산의 가치가 30억 원으로 떨어졌다는 소리다. 자산가치가 70퍼센트 하락한 것이다.

그렇다면 이 70퍼센트는 어디서 나온 수치인가? 모기지 채권의 현재 거래가와 주가하락의 트렌드, 그리고 많은 금융상품의 가격을 종합해 내가 내린 결론이다.

개인이 어떻게 그런 거액을 빌릴 수 있느냐고 반문할 수도 있다. 하지만 2001년부터 2007년 사이에는 집값의 5퍼센트만 있으면 집을 살 수 있었고(집값의 95퍼센트를 빌릴 수 있었으므로 레버리지 20배를 의미한다), 투자은행은 자기 돈 1퍼센트를 담보로 수십 배를 빌려 장사해왔다. 하지만 이제는 집값의 20퍼센트는 있어야 집을 살 수 있다(집값의 80퍼센트를 빌릴 수 있으므로 레버리지 5배를 의미한다).

무슨 수를 써서라도 투기는 막아야 한다

2008년 11월 말, 세계 최대의 종이 펄프 생산회사인 브라질의 아라크루즈 셀룰로스(Aracruz Cellulose)에서 환투기를 하다가 2조 원이 넘는 돈을 잃었다. 이들은 프로 야구선수가 아닌 동네 야구선수다. 게임하는 법과 공을 치는 법은 알고 있지만 동물적인 근성과 최고의 학벌, 그리고 경험이 부족하다. 이들 동네 야구선수들은 월가에서 뛰는 프로 선수들의 먹잇감일 뿐이다. 월가의 프로들은 처음 몇 번은 져주는 척하며 몇 억 원쯤 벌게 해주고 우쭐하게 만든 후 결정적 순간 몇 조 원을 날리게 만든다.

헤지는 필요하다. 1년 동안 100억 원어치의 종이를 팔았다면, 그 돈으로 1년 만기의 환율 파생상품에 가입해 환율의 움직임에 관계없이 지금 시점에서 안전하게 돈을 벌어들이는 것은 정당한 방법이다. 물론 헤지를 하는 쪽이 있다면 투기하는 쪽도 있어야 거래가 성사되는데, 지금 가장 큰 문제는 헤지만 해야 할 쪽이 투기까지 하는 데 있다.

금융당국과 감독기관은 무슨 수를 써서라도 이런 투기를 못하게 막아야 한다. 그나마 상업은행들이 투자은행들보다 나은 이유는 상업은행들은 강력한 정부의 규제를 받아왔기 때문이다. 상업은행들은 투자은행에 비해 파생상품이나 부외(Off-Balance-Sheet) 금융 상품의 거래 빈도가 적었기에 생존할 수 있었다. 60~70년대 정부의 강력한 규제하에 경제가 건전했으며 사회가 오래 지속될 수 있었다. 물론 어느 정도의 투기와 레버리지는 허용되어야 하며, 그 한계를 알아내는 것은 금융당국과 감독기관이 해야 할 일이다.

이와 함께 월가의 많은 직업들이 자연스럽게 사라질 것이다. 20대 후반에서 30대 초반에 100만 달러씩 받으며 어깨에 힘주고 다니던 어중이떠중이들은 모두 해고될 것이다. 월가의 물리학자와 수학자들도 학계로 돌아가는 것이 안전하다. 월가는 뼈대만 남기고 모두 정리해 민생에 도움을 주는 일만 하도록 강력하게 규제해야 한다. AIG는 생명보험을 파는 일에 집중하고 회사채를 보증하는 신용부도스와프 따위는 못하게 막아야 한다. 골드만삭스의 애널리스트들도 원유가격이나 주가를 예측하는 투기성 발언을 금해야 한다.

위기에서 탈출해야 할 때

이런 모든 상황이 수습되고 부실기업과 은행, 개인이 모두 정리되고 부실자산을 흡수하면 미국 정부와 연방준비제도이사회는 다른 선진국 정부와 함께 강력한 금융감독기관을 창설할 것이다.

어떤 면에서 보면 금융자산은 사회주의의 형태를 띠게 될 것이다. 지금처럼 정부와 연방준비제도이사회가 모든 금융자산을 떠맡는 상황이라면 조만간 정부에 주택 모기지와 자동차 할부 대출, 학자금 대출을 신청하는 일이 벌어질 것이다. 자본주의 체제에서 자유롭게 하라고 내버려두었다가 이 지경이 됐으니 그들에게 다시 기회를 줘서는 안 된다.

80년대 말에 일어난 저축대부조합(S&L ; Savings and Loans) 파산 사태가 미국을 말아먹었다. 80년대 말의 부동산 가격 폭등으로 한때 39,000포인트까지 치솟았던 일본의 닛케이지수는 지금 8,000포인트 대를 헤매고 있다. 2000년 IT 버블로 5,000포인트를 넘었던 나스닥종합지수는 지금 1,500포인트 선이다. 개별 국가별로 이런 경험을 해본 적은 많지만 이번처럼 전세계가 한꺼번에 위기에 처한 적은 한 번도 없다. 이제는 위기에서 탈출할 방법을 찾아야 한다.

그렇다고 진정한 사업가의 길을 막는 것은 아니다. 빌 게이츠(Bill Gates)가 돈을 많이 벌었다고 그를 비방할 사람은 아무도 없다. 그는 그만큼 가치 있는 일을 했다. 그러나 20대 후반에서 30대 초반의 월가 트레이더들이 투기해서 돈을 벌었다면 많은 사람들이 비난할 것이다. 진정한 사업가라면 자기 돈으로 투자를 해야 한다. 남의 돈으로 돈놀이를 해서 돈 벌겠다는 잘못된 생각은 이제 버려야 한다. 남의 돈으로 하는 돈놀이는 레버리지를 무한대로 제공한다. 실패하더라도 잃을 것이 없기 때문이다. 기꺼해야 일자리를 잃을 뿐 실질적으로 금전적 손해는 없다.

금융위기를 극복하기 위해 해야 할 일은 아직 많다. 부실기업들의 10퍼센트도 드러나지 않았다. 향후 5~10년간은 새로운 금융체제를 만드는 데 집중해야 할 것이다.

2장

돈보다
시장의 파탄이 문제다

THE TRUTH ABOUT MONEY

앞으로 주식, 채권, 주택, 원유, 철 등 모든 자산의 가격이 끝없이 추락할 가능성이 농후하다. 조만간 이 모든 것이 제자리를 되찾게 되기를 기대하는 것은 매우 위험한 발상이다.

가깝고도 먼
실물경제와 금융경제

베니스의 상인과 약속어음

먼 옛날에는 실물경제만 존재했다고 해도 과언이 아니다. 주로 물건과 물건을 교환하고 돈은 그 자리에서 필요한 것을 사거나 뭔가를 먹을 때 사용됐다. 그러다가 경제가 발전하면서 돈의 개념이 당장 필요한 것을 교환하는 수단이 아닌 현재와 미래, 혹은 미래와 또 다른 미래를 기준으로 교환이 이뤄지는 매개체로 발전했다.

17세기 초에 출간된 셰익스피어의 《베니스의 상인》에는 채권의 개념이 사용됐다. 일반인들에게는 '약속어음'이라는 용어로 더 잘 알려진 채권은 지금 현금이나 물건을 받고 미래 언제까지 이자와 함께 더 많은 현금이나 물건을 상환한다는 약속이다. 소설에서는 이런 약속을 지키지 못한 사람의 뱃살을 떼어가겠다며 억지를 부린다. CDO로 치면 뱃살은 담보물건에 해당되는데, 담보물건은 서브프라임이 될 수도 있고 일반 회사채가 될 수도 있다.

《베니스의 상인》이 출간되고 100년 후에 역사적으로 유명한 주식 투기 사건이 터졌다. 새로운 무역회사인 동인도회사(The South Sea Company)가 스페인과의 조약으로 남미와 무역할 수 있는 독점권을 얻게 되자, 만류인력의 법칙을 발견한 아이작 뉴턴(Isaac Newton)은 그 회사의 주식을 샀다가 2만 파운드를 잃었다. 오늘날의 돈으로 환산하면 약 160만 파운드가 되고, 한국 돈으로는 30억 원 정도 될 것이다. 이 일이 일어난 후 뉴턴의 말이 명언이다.

"나는 천체의 움직임을 계산하고 이해할 수는 있지만 사람들의 미친 마음을 헤아릴 수는 없다."

실물경제와 금융경제의 결정적 차이

동인도회사의 투기는 여러 면에서 현대 금융시장의 모습을 엿볼 수 있는 사건이다. 동인도회사는 국가 부채의 일부를 떠맡는 조건으로 무역할 수 있는 독점권을 얻었으며 그 부채를 갚기 위해 주식을 발행했다. 여기서 현대 금융에서 가장 중요한 수단인 주식과 채권의 긴밀한 관계를 엿볼 수 있다. 부채는 갚아야 할 남의 돈이고, 주식은 나와 같이 공존 공생할 내 돈이다. 기업 입장에서는 부채보다는 주식으로 돈을 끌어들이는 것이 100배 낫다. 주식을 산 사람 입장에서도 기업이 장사를 잘해서 주가가 오르면 전혀 문제가 되지 않는다. 기업은 투기가 성행하면 주식을 발행해야 하고 경기가 침체되면 채권을 팔아 자금을 조달해야 한다.

실물경제와 금융경제의 결정적 차이는 만들어낼 수 있는 물건의 양에 있다. 한정된 자원을 매개로 움직이는 실물경제는 새로운 자원을 발견하기 전까지는 이론상 만들어낼 수 있는 물건이 한정되어 있는데 반해 금융경제는 무한대로 늘어날 수 있다.

쉽게 말하면 이렇다. 갑과 을이 권투를 하면 이기는 사람은 둘 중 한 사람이다. 갑과 을은 각각 한 사람이며, 경기하는 장소도 한 군데이고 주어진 시간도 같다. 이와 같이 실물경제는 눈으로 보고 만질 수 있으며 동시에 두 군데 존재할 수 없다.

반면 권투 경기장에 온 사람들은 갑과 을의 게임을 두고 여러 가지 베팅을 한다. 단순히 승부에 대한 내기뿐 아니라 몇 회에 누가 어떻게 이길 것인가를 두고 다양하게 베팅할 수 있다. 여기에는 무한한 가능성이 존재하며 베팅하는 사람들도 무한대다. 집에서 TV를 시청하며 친구들과 전화로 내기할 수도 있고, 직접 권투장에 나가거나 혹은 동네 한복판에 모여서 베팅할 수도 있다. 베팅시간도 경기가 끝나기 전이면 언제든지 가능하다. 이와 같이 베팅하는 상황과 시간, 사람의 수가 무한대인 것이 금융경제다.

파생상품의 등장과 금융의 발달

파생상품의 등장은 여러 가지 복잡한 형태의 금융상품을 만들어냈다. 가장 단순한 형태의 파생상품으로 선물이 있다. 원래 선물은 먼 옛날에 곡식을 재배하던 사람들이 곡식을 심기 전에 미리 그 해 수확량에 대해 가격을 정해 곡식을 추수한 다음 정해진 가격에 팔기 위해 고안됐다. 사실 취지만 놓고 보면 선물은 매우 바람직한 제도다. 농부는 나중에 곡식을 팔 걱정하지 않고 열심히 농사만 지으면 되고, 곡식을 사는 사람은 미리 가격을 걱정하지 않아도 되니 양쪽 모두에게 좋고 전체 경제에도 유용한 제도다. 이것이 소위 말하는 '헤지(hedge)'의 개념이다.

그런데 시간이 지나면 생산자와 소비자뿐만 아니라 투기자가 생기게 마련이다. 투기자는 이전에 생산자였거나 소비자였을 가능성이 높다. 생산량이 100이라 하면 100을 미리 팔고 100을 미리 사는 것이 정석이다. 그러다 선물에 눈을 뜨고 뭔가를 알게 되면 생산량은 100인데 선물시장에서는 1,000이 넘는 계약을 하게 된다.

그렇다면 100을 제외한 나머지 900은 어디서 나왔을까? 바로 투기자가 만들어낸 것이다. 투기자는 생산자와 소비자 사이에서 가격의 오르내림을 이용해 돈을 버는 사람이다. 선물시장은 마진을 놓고 거래를 한다. 쉽게 말하면, 100짜리 베팅을 한다면 내 돈은 10만을 가지고 시작하며 선물의 변동폭에 따라 마진을 조정한다.

외환 선물은 내 돈 1을 넣고 100만큼 베팅할 수 있고, 변동폭이 큰 주식 선물은 내 돈 10을 넣어야 100만큼을 베팅할 수 있다. 물론 내가 베팅한 방향으로 시장이 움직이면 엄청난 돈을 벌지만 베팅한 방향과 반대로 움직이면 단번에 돈을 날리게 된다. 선물의 손익은 장내에서 거래되는 단 하루에 한 번씩 결제되므로, 시장이 반대로 움직일 경우 결제하는 회사에서 돈을 더 요구하거나 베팅을 강제로 중지한다.

선물 다음으로 중요한 파생상품은 옵션이다. 옵션은 금융상품을 사거나 팔 수 있는 권리다. 옵션시장의 활성화는 옵션가치를 계산하는 방법을 고안한 수학자 피셔 블랙(Fischer Black)과 경제학자 마이런 숄즈(Myron Scholes)에 의해 이뤄졌다. 마이런 숄즈와 만나 대화를 한 적이 있었는데 그리 특별한 인상을 받지는 못했다. 숄즈는 캐나다 출신으로 시카고대 교수로 재직할 당시 블랙과 함께 옵션가치를 계산하는 방법을 연구했다. 주가변동이 밀폐된 공간에서 입자들이 움직이는 형태와 비슷하다는 점에 착안해 방정식을 만들었으며, 이를 수학자인 블랙의 도움으로 풀어 유명한 옵션가격 결정모형을 고안해냈다.

가장 똑똑했지만 가장 크게 망한 사람들

블랙은 골드만삭스에서 일하다가 1995년 암으로 사망했다. 80년대 말 월가에 진출한 숄즈는 살로먼브라더스에서 채권 리서치를 하다가 LTCM의 실질적인 창업자이자 경영자인 존 메리웨더(John Meriwether)의 권유로 LTCM으로 옮겼다.

LTCM은 1998년 러시아의 모라토리엄 선언으로 인한 투자 실패와 과도한 레버리지 때문에 파산했다. 당시 LTCM의 베팅은 그리 어려운 것이 아니었다. 예를 들면, 미국 국채를 선물시장에 팔아서 번 돈으로 유럽, 특히 이탈리아 국채를 샀다. 미국 국채는 이자를 조금 주는 데 반해 이탈리아 국채는 이자를 많이 준다. 5퍼센트 이자를 주는 100원어치 미국 국채를 팔고 8퍼센트 이자를 주는 이탈리아 국채 100원어치를 사면 3퍼센트가 남는다. 물론 환율은 헤지해야 한다.

당시 이탈리아는 유로화를 도입하는 문제로 한참 시끄러웠다. 유로화를 도입하기 위해서는 인플레이션 비율과 국내총생산(GDP) 대비 부채비율을 일정 수준 이하로 낮춰야 한다. 이 조건을 충족시키면 이탈리아 국채는 모두 유로 국채가 된다. 유로에는 이탈리아보다 부자 나라인 독일과 프랑스가 포함되어 있기에 이탈리아 국채가 유로 국채가 되면 거래 이자율이 떨어질 것은 당연했다. 유로 국채의 이자율이 8퍼센트에서 6퍼센트로 떨어지면 그만큼 채권가격이 상승하게 된다. 그 이유를 간단히 말하면 채권가격과 이자율은 반비례하기 때문이다. 즉 이자율이 떨어지면 채권가격은 오른다.

당시 LTCM은 이탈리아 채권과 미국 국채의 이자율 차이가 좁혀질 것으로 예상하고 베팅했다. 이를 위해 LTCM은 자기자본의 100배에 이르는 돈을 빌렸다. 그러나 러시아가 국채에 대해 지급불능을 선언하자 가장 안전한 미국 국채로 돈이 몰리면서 미국 국채의 가격은 올라가고 이탈리아 국채의 가격은 떨어졌다. LTCM이 베팅한 반대 방향으로 시장이 무섭게 움직인 것이다. 이로 인해 월가의 내로라하는 트레이더와 세계 최고의 수재들로 구성된 LTCM은 도산하고 말았다.

당시 미국의 손실액은 3조 원이 넘었다. LTCM과 관련된 투자은행들이 많아 시장에 큰 혼란이 초래되자 연방준비제도이사회는 긴급회의를 소집해 3조 원을 투입하고 LTCM을 인수했다.

LTCM이 파산한 후 마이런 숄즈는 어느 석유 부자와 합작해 자신이 직접 헤지펀드를 만들었다. 그가 노벨경제학상을 받은 후 자신의 이름으로 자금을 모아 만든 플래티넘그로브에셋매니지먼트 (Platinum Grove Asset Management)는 이후 10년 동안 큰 수익을 거뒀다. 그가 피셔 블랙과 함께 고안한 옵션가격결정모형으로 월가에는 다양한 종류의 파생상품이 우후죽순으로 생겨났다.

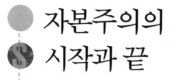

자본주의의
시작과 끝

규모를 예측할 수 없는 금융경제

80년대에 접어들면서 레이건 정부의 규제완화와 소비정책으로 정부, 기업, 개인의 자산과 부채가 급속히 증가하고 주가가 폭등했다. 이런 추세에 발맞춰 옵션은 중요한 금융상품으로 자리잡았다.

기업의 자산 및 부채와 직결되고 발행량이 정해진 주식 자체는 실물경제에 해당한다. 하지만 주식에 대한 옵션은 금융경제에 속하는 파생상품으로 무한대로 거래할 수 있다. 가령, 주식의 시가가 1조 원이라 해도 주식에 대한 옵션은 10조 원, 아니 100조 원이 될 수 있다. 옵션은 살 사람과 팔 사람만 있다면 얼마든지 거래가 가능하기 때문이다. 이와 같은 원리에 따라 AIG가 회사채 1조 원에 대해 100조 원어치의 보험, 즉 빚보증을 팔았던 것이다. 가장 무서운 것은 아무도 이러한 금융경제의 규모를 모른다는 사실이다. 실물경제는 그동안 행해진 많은 연구 결과로 성장률과 생산성 등을 어느 정도 가늠할 수 있지만 금융경제는 알 길이 전혀 없다. 어쩌면 금융경제 때문에 자본주의가 공산주의와 같은 파멸의 길로 접어들게 될지도 모른다.

마르크스와 자본주의가 간과한 것

자본주의 사회에 환멸을 느낀 마르크스는 모든 사람이 평등한 지상 천국을 만들고자 했다. 하지만 말년에 그는 친구인 경제학자 엥겔스에게 의지해 목숨을 연명했다. 마르크스 이론은 제정러시아의 부패에 질린 레닌의 볼셰비키 혁명과 공산주의를 일으킨 단초가 됐다. 그의 이론은 훌륭했으나 그가 미처 계산하지 못한 것이 있었다. 그는 인간의 죄성을 간과했다. 마르크스는 계급 없는 프롤레타리아 사회를 꿈꿨으나 현실에서는 더 많은 계급이 만들어지고 더 큰 차별이 생겨났다.

자본주의가 간과한 것 역시 인간의 죄성이다. 여기서 말하는 인간의 죄성이란 여러 가지가 있겠지만, 경제 발달로 중산층이 크게 확대된 중국이 상어 지느러미 수프의 수요를 충당하기 위해 1년에 1억 마리 이상의 상어를 지느러미만 달랑 자르고 버리는 등 인간의 무분별한 행동들을 일컫는다.

자원은 한정되어 있고 인간의 욕망은 끝이 없다. 그나마 60~70년대에는 정부가 강력한 규제로 인간의 욕망을 잠재웠다. 하지만 80년대의 자유방임주의는 모든 기업과 개인이 자신의 이익을 극대화하는 데 몸부림치게끔 만들었다. 물론 자유방임주의가 가져다준 기술 혁신과 생산성 증가는 무시할 수 없다.

소위 세계화와 신경제의 바람을 타고 정부, 기업, 개인이 너 나할 것 없이 소위 레버리지를 도입했다. 개인과 기업은 돈을 빌려 도박에 가까운 모험을 하며 돈을 빌리고 갚기를 반복했으며, 금융기관은 다양한 종류의 파생상품을 만들어 이를 부추겼다. 지금 당장 돈이 없어도 사고 싶은 물건이 생기면 신용카드로 긁고 나중에 돈을 벌어 갚았다. 그렇다고 해서 신용카드와 레버리지를 사용하지 말아야 한다는 것은 아니다. 신용카드와 레버리지는 우리 생활에 반드시 필요한 도구이지만 적정 한도 내에서 사용해야 한다. 무분별한 레버리지와 소비정책에 따른 신용카드 남발이 작금의 금융위기를 초래했다고 해도 과언이 아니다.

단적인 예로, LTCM 파산과 이번 금융위기가 초래한 손실액을 비교해보자. 1998년 LTCM이 파산한 후 3조 원이 넘은 손실액 때문에 미국 경제가 휘청거린데 반해 이번 금융위기는 1,000조 원 이상의 손실이 예상되고 있다. 10년 동안 손실액이 300배 이상 레버리지가 됐다.

우리의 부모 세대인 60년대에는 공산주의 국가가 자본주의 국가보다 더 잘 살았다. 초기에는 공산주의 계획경제가 자본주의 자유경제보다 주목받은 것도 사실이다. 그러나 개인의 자유를 억압하고 사유재산이 허용되지 않은 공산주의는 갈수록 생산성이 떨어졌고, 결국에는 자본주의와의 경쟁에서 패했다. 알다시피, 순수 과학만을 놓고 보면 구소련이 미국보다 조금 앞섰다. 머리를 써야 할 뿐 따로 돈이 들지 않는 순수과학은 공산주의 사회에서도 얼마 든지 공부할 수 있기에 자본주의 사회에 비해 뒤질 이유가 없었다.

하지만 자본주의 역시 개인의 자유와 사유재산을 인정하는 체제의 장점을 십분 활용하지 못하고 개인과 기업이 도박에 빠져 다같이 망하게 됐다. 공산주의와 자본주의 모두 인간의 죄성을 무시한 결과다.

월가를 대체할 새로운 모델은 무엇인가

현재의 추세라면 미국은 점차 사회주의로 전환될 것이다. 많은 기업이 도산했고 남은 기업도 언제 무너질지 알 수 없는 혼돈의 정국에서 정부는 도산한 기업을 구제하느라 여념이 없다. 혼란이 수습되고 다시 민간으로 돌아가더라도 이들 기업은 정부의 지배에서 완전하게 벗어나기 힘들다.

금융자본주의는 생명이 있는 모든 것에 신용을 부여해 집값을 천정부지로 올려놓고 3년에 한 번 꼴로 자동차를 바꾸게 만들었다. 언제까지고 승승장구하며 새로운 차를 출시할 것 같던 미국의 3대 자동차회사 제너럴모터스(General Motors)와 크라이슬러(Chrysler)가 정부에 금융지원을 요청했다.

기아에 허덕이는 북한 동포를 비롯해 세계에서는 매일 1만

1,000명의 어린이가 영양실조로 굶어 죽어가고 있는데 다른 한쪽에서는 멀쩡한 음식물이 마구 버려지고 있다. 이것이 우리가 그토록 바라 마지않던 자본주의의 현실이다.

해방 직후 대다수의 한국인들은 공산주의 정부를 원했다. 당시에는 일제 강점기에서 벗어난 직후로 국가적으로 극심한 가난에 시달렸기에 모든 사람이 평등하게 살자는 공산주의 이데올로기가 큰 호응을 얻었다. 소련에서 교육받은 김일성이 주창한 스탈린식 공산주의와 다르게 여운영 등이 주장한 온건파 공산주의는 서민들에게 꿈과 희망을 주었다. 구소련이 붕괴되면서 크게 위축된 공산주의는 오늘날에도 미약하지만 명맥을 유지하고 있다. 대표적인 공산주의 국가인 중국은 자본주의를 일부 받아들여 단기간에 국가 경제가 급속히 성장했다. 지난 10년 동안 중국은 값싼 노동력을 활용해 세계의 공장 역할을 충실히 수행했으며, 이에 따른 최대 수혜자는 미국이다.

하지만 이제 중국이 전세계 생산을 책임지던 시대는 끝났다. 중국의 노동력은 더 이상 저렴하지 않고 미국의 바이어들은 계속해서 가격을 깎아대고 있다. 여기저기서 자본주의의 종말을 고하는 현상들이 속출하고 있다. 그렇다고 사유재산이 허용되지 않고 자유로운 경제활동이 불가능한 계획경제로 돌아가는 것은 현명한 선택이 아니다. AIG를 세운 행크 그린버그(Hank Greenberg)의 말처럼 월가의 모델은 실패했으므로 이를 대체할 새로운 모델을 정립해야 한다. 그동안 비약적으로 발전한 기술, 증가된 생산성, 세계화를 발판으로 전세계가 공존 공생할 수 있는 방안을 모색해야 한다.

자유경제 활동의
모순

한계에 부닥친 비교우위 경제

『거시경제학 강의 101』에서 말하는 '경제'는 저축을 해서 모은 돈으로 투자를 하고, 투자는 다시 고용과 수익을 창출해 사회에 환원되는 것이다. 그렇다면 80년대 이후 전세계는 과도한 레버리지와 소비를 일삼았는데 어느 나라가 과연 저축을 했을까?

그것은 바로 일본이다. 일본인들은 저축한 돈을 미국 기업에 투자했으며 중국인들은 물건을 만들었다. 물론 미국인들은 소비를 했다. 당시 세계화 물결에 편승해 그때까지 미국의 작은 회사에 불과했던 코카콜라부터 세제를 만드는 P&G에 이르기까지 많은 미국 기업들이 대규모 해외투자를 했다. 한국 기업들도 80년대 후반부터 이 대열에 동참했다.

그럼 『미시경제학 강의 101』에서 말하는 '비교우위'란 무엇일까? 가령, 변호사와 정원관리사가 있다면 정원 일은 정원관리사에게 맡기고 소송 일은 변호사에게 맡겨야 전체적으로 이익이 난다는 의미다. 물론 변호사가 정원관리사보다 더 돈을 많이 번다. 이 비교우위 개념을 글로벌 경제에 적용해 미국은 자금을 조달하고 중국은 인력을 공급한다. 미국은 돈이 많지만 인건비가 비싸고 중국은 돈은 없지만 인건비가 저렴하니 서로 교환하면 누이 좋고 매부 좋다는 결론이 나온다.

여기까지는 아무 문제없다. 그런데 중국은 영원히 노동력만 공급하고 미국은 자본만 조달해야 할까? 중국 입장에서 생각해보면 그리 유쾌한 일은 아니다. 중국도 언젠가 잘사는 나라가 되면 자신들보다 못 사는 나라에 자본을 공급할 것이다. 그런데 이제 이런 식의 중국의 시대는 끝났다. 이는 내가 남보다 10년 늦게 들어가는 바람에 그들보다 벌어놓은 돈이 적은 것과 같은 이치다.

20세기 초반만 해도 비교우위 경제활동은 각 나라 안에서 이뤄졌다. 동네 최 부잣집에서 돈을 대고 똘이네가 열심히 일하며 서로 돕고 살았다. 그런데 20세기 후반 세계화로 비교우위 경제활동은 국가 단위로 확대되어 글로벌 경쟁을 가속화했으며 이제는 국가 간의 경계마저 무너졌다. 지금은 최 부잣집이 돈을 대지만 역으로 최 부잣집이 망하고 똘이네가 부자가 될 수도 있다. 그렇다면 미국이 망하고 중국이 성공해 미국인들이 중국에 수출할 전자제품을 만들고 장난감을 만드는 일이 벌어질까?

그런 일은 절대 일어나지 않을 것이다. 자본주의와 비교우위 경제활동은 이미 한계에 부딪혔다.

세계은행은 잘 사는 나라의 돈을 못 사는 나라에 저렴하게 빌려주어 전세계의 균형 있는 발전을 도모하기 위해 설립됐다. 자본주의 시장경제의 범주에 있는 세계은행은 못 사는 나라에 자금을 빌려주는 조건으로 한 가지 전제조건을 덧붙였다. 식량은 자국보다 풍부한 나라에서 수입하고 대신에 자국이 강점을 보이는 물건을 만들어 수출하라는 것이었다. 전통적으로 농업이 발달한 엘살바도르의 곡물창고는 세계은행에서 차관을 빌려오던 1991년 이후 텅 비었다. 세계은행이 저렴한 이자로 돈을 빌려주면서 쌀이나 옥수수 같은 곡물은 수입하고 코코아, 야자수기름, 커피 등을 수출하라고 명령했기 때문이다. 똑똑하고 잘난 경제학자들로 구성된 세계은행의 명령에 엘살바도르 같이 못 사는 나라는 대답조차 제대로 못했을 것이다.

이와 같은 세계은행의 시장경제 원칙 때문에 2007년만 해도 세계 인구 65억 명 가운데 15.4퍼센트가 굶주림에 시달렸다. 이는 기근이 불러온 천재(天災)가 아니라 사리사욕에 눈이 멀어 제 잇속을 채우기에 바쁜 부패한 정부와 기업이 일으킨 인재(人災)다. 20년 전의 쌀 수출국이었던 엘살바도르는 2009년 1월 현재, 전체 쌀 소비량의 80퍼센트를 수입하는 나라로 바뀌었다. 2007년과 2008년 상반기에는 60개 품목의 곡물 가격이 80퍼센트가량 상승했다. 이것이 과연 비교우위와 시장경제 원칙에 충실한 정책인가? 너도나도 선물시장에서 곡물 투기를 하고, 유가가 배럴당 150달러 가까이 올랐다가 5개월 만에 40달러로 떨어지는 것이 과연 바람직한 현상인가?

주식투자와 다단계판매의 공통점

　제2차 세계대전 이후 자본주의는 공산주의와 대적하느라 40여 년을 보냈다. 공산주의가 무너진 후에는 주식, 주택, 곡물, 기름, 금 등 눈에 보이는 것은 무엇이든 투기를 했다. 이후에는 오르는 자산을 담보로 현금을 조달해 흥청망청 써댔다. 기업들은 수요가 늘어나자 은행에서 돈을 빌려 공장을 짓고 종업원을 늘렸으며, 사람들은 자산 가격이 오르자 앞 다투어 금융자산에 투자했다. 놀라운 사실은 80년대부터 금융자산에서 매년 20퍼센트 이상의 수익을 올렸다는 점이다. 이것은 상식적으로 이해할 수 없는 결과다. 급속히 성장하는 중국의 경제 성장률이 10퍼센트 내외인데 어떻게 금융자산 수익률이 그보다 더 높단 말인가?

　그 이유는 주식투자의 성격에서 찾을 수 있다. 쉽게 말해서, 주식투자가 다단계판매와 비슷하기 때문에 이것이 가능했다. 주식의 수익률은 PER(Price Earning Ratio, 주가수익비율)로 따진다. 여기에 주가를 곱하면 거래금액이 산출되는데 곱하는 수치를 멀티플(multiple)이라 한다. 즉 어떤 회사의 현재 주가가 주당 5만 원이고 작년 수익률이 주당 5,000원이었다면 이 주식은 10멀티플에 거래된다. 이는 적어도 앞으로 10년 동안 이 회사는 주당 5,000원씩 벌 수 있다는 의미다. 현재 주당 5,000원이 10년 후 주당 5만 원이 되려면 1년에 23퍼센트 이상 성장해야 한다. 주식투자와 다단계판매의 공통점이 여기에 있다.

　앞으로의 높은 성장을 기대하며 다른 사람에게 되파는 피라미

드식 돈거래가 바로 주식투자다. 다단계판매에서 처음 들어오는 사람은 바로 다음에 들어온 사람이 가입금으로 낸 돈으로 수익금을 받는다. 대개는 오늘 100만 원을 내면 다음 달부터 한 달에 20만 원씩을 받는다. 5개월이면 투자한 돈을 회수하고 이후에는 모두 공돈인데 마다할 사람이 어디 있겠는가?

다단계판매는 계속해서 새로운 사람이 가입한다는 가정하에 운영된다. 주식투자는 내가 산 주식을 나보다 높은 가격에 사줄 사람이 나타날 것이라는 기대감에 의해서 이뤄진다.

결국 비교우위와 시장경제 원리는 한계에 부딪힐 수밖에 없다. 자동차가 지금보다 발달한다면 얼마나 더 발달할 것이며 비행기가 빨라진다면 얼마나 더 빨라질 것인가?

인간의 욕망은 무한하지만 자원은 한정되어 있다. 시장경제는 부자와 빈자의 격차를 더욱 크게 벌렸다. 설상가상으로 이를 해결할 뾰족한 대안도 없다. 어쩌면 시장경제는 다음 단계로 나가기 위한 과도기 체제일지도 모른다. 시장경제를 지탱하는 뼈대인 금융의 몰락은 곧 시장경제의 몰락을 의미한다. 시장경제의 발달에 커다란 역할을 한 주식은 몰락을 부른 주된 요인이기도 하다.

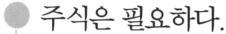

주식은 필요하다.
그러나 이것은 아니다

주식은 인간 소유욕의 반증이다

인간의 소유욕은 무한하다. 모든 것을 내 것으로 만들고 남보다 많이 갖고 싶어한다. 이러한 인간의 심리를 이용해 고안해낸 것이 주식이다. 채권은 돈을 빌리고 빌려주는 채무관계에 의해서 만들어진다. 채권자와 채무자는 돈을 빌려준 대가로 이자를 받고 원금을 언제까지 돌려준다는 계약서를 주고받는다. 반면 주식은 투자한 자금의 상환이 보장되지 않는다. 물론 배당금이 있긴 하지만 회사 사정에 따라 다르다. 배당금을 준다는 아무런 보장이 없으며 회사가 파산이라도 하면 그야말로 한푼도 못 건지게 된다.

대개 회사가 파산하면 채무자에게 빌린 돈을 먼저 갚고 남은 것을 주주에게 배당하는데 채무를 갚기 위해 자산을 모조리 팔아치우기 때문에 주주들은 원금 상환을 기대하지 않는 것이 현명하다. 주식으로 돈 버는 유일한 방법은 누군가가 내가 산 주식의 가치를 높이 평가하고 내가 산 가격보다 더 높은 가격에 사는 것이다. 자체적으로 돈을 창출하기보다는 항상 누군가가 뒤에서 돈을 공급해주기를 기대하는 금융상품이다보니 앞서 얘기한 것처럼 다단계 판매와 다를 바 없다.

주식시장의 성쇠

역사적으로 주식은 뭔가 새로운 것이 발견될 때마다 크게 성행했다. 18세기 초 유럽에서 남미에 관한 관심이 고조될 즈음 영국에서는 투기가 성행했으며 아이작 뉴턴은 많은 돈을 잃었다. 19세기 말에는 증기엔진의 발명과 석유의 개발, 철도의 탄생으로 큰 투기가 일었으며 이로 인해 주가와 집값이 상승하고 대공황이 발발했다. 60년대 컴퓨터의 등장과 함께 미국에서 시작된 투기로 주식시장은 이후 10년 동안 침체되었다.

80년대 일본은 부동산 투기로 한때 주가가 40,000포인트 가까이 치솟았으나 2009년 1월 현재 8,000포인트 내외로 전성기의 20퍼센트 수준으로 떨어졌다. 미국은 이른바 '검은 월요일(Black Monday)' 사건으로 80년대의 투기 붐에 동참했다. 1987년 10월 19일 하루 동안 뉴욕주식시장에서 주가가 대폭락했으며, 이 여파로 세계 각국의 증시가 동반 하락했다.

90년에 접어들어 세계화와 월가의 비약적 성장에 힘입어 주식시장은 10퍼센트 이상 꾸준히 상승했다. 1997년 말 한국의 외환위기와 1998년 러시아의 모라토리엄 선언으로 아시아 금융시장은 초토화됐지만 미국은 별 탈 없었으며, 이후 IT 붐을 타고 주가는 폭등했다. 하지만 그것도 잠시였으며 IT 버블이 붕괴되고 이후 3년 동안 주가는 바닥으로 곤두박질쳤다.

2001년 9·11 사태 발발 후 연방준비제도이사회의 급격한 금리 인하로 주가는 끝없이 추락했으며, 지난 30년 동안 크게 오르지 않았던 주택가격이 1~2년 만에 2배 오르는 기이한 현상이 벌어졌다. 2007년 중반 서브프라임모기지 사태 발발 직전 전세계 주식시장은 최고조에 달했지만 2008년 이후 미국 주식시장은 40퍼센트, 그외 나라들은 50퍼센트 이상 하락했다. 혹자는 지금이야말로 주식투자에 뛰어들기 좋은 시점이라고 말하지만 아직은 때가 아니며 좀 더 떨어질 때까지 기다려야 한다. 주가가 한참 더 내려가야 하는 이유에 대해서 앞으로 자세히 설명하겠다.

"내 돈도 아닌데 어때?"

월가의 똑똑한 경제학자들은 70~80년대 기업들이 어떻게 주식과 채권을 이용해 경영했는지를 연구했다. 소유권인 주식과 빌린 돈인 채권을 어떤 구조로 가져가는 것이 합리적인지에 대해 조사했던 것이다.

결론은 매우 간단했다. 기업들은 주식을 발행해 돈을 모으고자 했다. 설령 회사가 파산해 법적 소송에 휘말리더라도 주식으로 모은 돈은 돌려줄 필요가 없기 때문이다.

기업 경영자의 입장에서는 주식을 발행해 많은 자금을 끌어들이는 것이 최대의 목표다. 특히 80년대부터 시작된 세계화와 신경제로 인한 규제완화와 기술발달에 힘입어 기업은 엄청난 위험부담을 감수하며 레버리지를 일으키고 사업을 확장해 나갔으며, 그 결과는 고스란히 수익으로 나타났다. 이러한 모든 것은 높은 위험을 감수한 경영자들의 공이니 그들에게 인센티브를 나눠줘야 한다는 의견이 지배적이었으나 사실은 주식시장이 호황이었기에 가능했다.

물론 모든 회사가 이와 같이 엄청난 위험부담을 감수하고 투자에 성공한 것은 아니다. 2001년 말 파산 신청한 엔론(Enron)은 회계부정뿐 아니라 무리한 투자에 따른 경영 실패, 정경유착, 감독기능마비, 도덕적 해이 등 경영 시스템 전반의 실패로 파산에 이르렀다. 주주들은 한푼도 돌려받지 못했고, CEO와 CFO는 몇 십 년 형을 선고받았으며 그중 한 사람은 재판 결과를 보기도 전에 죽었다.

월가의 기업들이 엄청난 위험부담을 감수하고 파생상품과 모기지 채권을 발행했던 이유 역시 주식 때문이다. 주식을 발행해 자금을 조달하는 주식회사의 구조상 대다수 사람들이 '내 돈이 아닌데 어때?'라는 의식이 팽배했고 '성공하면 수십억 원을 벌고 실패하면 변명하면 되며 최악의 경우 몇 년 감옥생활을 하면 그만이다'는 한탕주의에 젖어 있었다. 그들이 보기에는 오히려 열심히 일해서 번 돈을 저축하고 투자하는 사람들이 이해되지 않았다.

추락하는 것에 날개는 있는가

80년대 초반에는 주식시장이 채권시장보다 규모가 작았다. 정확한 수치는 알 수 없지만 당시 주식시장은 채권시장의 절반 수준도 안 됐다. 90년대 중반에 이르러 주식시장과 채권시장은 규모가 비슷해졌으며 2000년대는 주식시장이 훨씬 커졌다.

주가가 최고조를 달리던 2007년 초부터 2008년 말까지 전세계 주식투자자들이 잃은 돈은 1달러당 1,500원으로 환산해도 4만 5,000조 원에 이른다. 한국의 1년 예산이 대략 100조 원이라면 300년에서 450년은 족히 먹고 살 수 있는 돈이다. 그 정도 기간이면 한 왕조가 들어서고도 남는다. 월가에서 돈이 돈으로 보이지 않는 것은 당연하다. 특히 이 기간 동안 중국투자의 붐이 일어나 한층 주가를 끌어올렸다.

2003년부터 2007년까지 5년 동안에는 마치 화산이 폭발하기 전처럼 모든 자산의 가격이 미친 듯 올랐다. 원유와 주식을 필두로 금, 철, 주택, 그리고 김정일이 좋아하는 플루토늄까지 가격이 무섭게 치솟았다. 〈브이포벤데타V for Vendetta〉는 중세시대에 가면을 쓴 영웅이 악의 무리를 상대로 외로운 싸움을 벌이는 공상영화다. 마지막 장면에 영국 국회의사당 곳곳에 장치된 폭탄들이 줄줄이 터지면서 차이코프스키의 교향곡이 웅장하게 울려 퍼진다. 현재 금융시장에 유통되는 모든 자산이 그와 같은 형국에 있다. 앞으로 주식, 채권, 주택, 원유, 철 등 모든 자산의 가격이 끝없이 추락할 가능성이 농후하다. 조만간 이 모든 것이 제자리를 되찾게 되기를 기대하는 것은 매우 위험한 발상이다.

주식이 작금의 금융위기를 일으킨 주범이라 해서 아무 쓸모없는 무용지물로 치부해서는 안 된다. 주식은 자본주의 사회에 꼭 필요한 금융상품이다. 100년 이상 지속되는 기업을 만들려면 반드시 주식이 필요하다. 이상적인 기업의 재무구조는 주식과 채권이 3대 7로 구성된다.

이 3대 7의 비율은 나의 개인적인 의견임을 밝히고 싶다. 마이크로소프트는 채권발행을 거의 하지 않았다. 회사가 잘 돌아가기에 수익이 많이 나고 경쟁사도 별로 없어 돈을 빌릴 필요가 없었던 것이다. 그에 반해, 은행같이 경쟁사가 많고 처음에 거금이 필요한 회사들은 채권을 많이 발행할 수밖에 없다. 3대 7은 전체적인 시장 비율이지 각각 회사의 특성마다 틀릴 것이다.

미국은 끝났다.
다만 망하진 않을 뿐이다

축복받은 나라

미국은 축복받은 나라다. 많은 사람들이 이 나라에서 살고 공부하고 싶어한다. 매년 연말이면 모교인 펜실베이니아대에 고3 학생들을 면접하는데 그때마다 나는 이런 질문을 한다. "미국은 각기다른 문화와 생활방식을 가진 여러 인종이 모여 있는데도 세계 어떤 나라보다 화합이 잘 되고 잘 사는 이유는 무엇일까요?"

최근 5년 동안 나는 이 질문에 대한 만족할 만한 답변을 듣지 못했다. 대부분의 학생들은 서로 협력하며 열심히 노력하기 때문이라고 답한다. 그러면 나는 "나와 생활방식과 문화가 다른 사람과사는 것이 쉬울까요? 예를 들어, 인도와 파키스탄, 방글라데시는같은 민족이나 다름없는데 종교가 다르다는 이유로 서로 분리되어 분쟁이 자주 일어나지요?"라고 반문한다. 학생들은 아무 말도 못한다.

오늘날의 미국은 종교와 문화가 다른 여러 민족들이 모여 산다. 원래 미국은 영국 정부의 종교적 탄압을 피해 건너온 청교도들이 세운 나라다. 이들보다 나중에 건너온 퀘이커(Quaker) 교도의 얘기도 널리 알려져 있다. 퀘이커는 '흔드는 사람'이란 뜻으로 지진(earthquake)을 떠올리면 쉽게 이해된다. 그들이 큰 소리로 기도해서 천지가 울린다는 연유로 이런 이름이 붙여졌다고 하는데 확인할 길은 없다. 퀘이커 교도들은 지금의 펜실베이니아 주와 필라델피아 주에 이름을 붙인 윌리엄 펜(William Penn)이 주축이 되어 세력을 확장했다. 펜에게 거액을 빌린 영국 국왕이 돈을 갚을 길이 없자 자신의 영토인 미국 땅 중 일부를 떼어주며 빚을 대신했다.

영국 정부로부터 핍박받은 사람들이 세운 나라답게 미국 사람들은 참을성이 많다. 아시아인이나 유럽인에 비해 자식에 대한 애착이 덜하고 부모와 자식 간의 관계가 독립적이다. 미국인들이 스스럼없이 입양하는 것도 이런 연유에서다.

미국 사회를 이루는 것들

미국은 다른 나라에 비해 부의 분배가 이뤄지고 재산을 사회에 기부하는 비율이 높다. 그러나 그만큼 굶어죽는 사람도 많다.

미국의 가장 큰 특징은 중산층이 두텁다는 것이다. 이는 서민들의 자유로운 무기 소지 정책에서 비롯됐다. 허허벌판에 정착한 미국인들은 이민 초기부터 무기를 소지해왔다. 원주민과 싸우고 야생동물과 부딪히며 서민들의 총 쏘는 실력은 상당한 수준에 이르렀다. 독립전쟁 이후에는 군대를 유지할 명분이 없어지자 미국 정부에서 군대를 해산하고 무기를 국민들에게 나눠줬다.

당시 미국 정부는 서민들이 군대 못지않은 훌륭한 무기를 소지하고 있다는 점을 간과했다. 조선시대 말에 일어난 동학혁명이 실패한 이유는 단 한 가지다. 관군의 무기와 훈련 수준이 동학도에 비해 월등히 높았기 때문이다.

미국은 이와 정반대의 상황이 연출됐다. 서민들이 지배층을 향해 총부리를 겨눴던 것이다. 생명에 위협을 느낀 지배층은 서민들과 공생하는 체제를 유지하기로 합의한다. 그때가 18세기 말에서 19세기 초기 무렵이다.

이후 미국은 에이브러햄 링컨(Abraham Lincoln) 대통령을 위시한 많은 인재들이 나타나 민주주의의 발전에 박차를 가한다. 초대 대통령 조지 워싱턴(George Washington)과 제2대 대통령 존 애덤스(John Adams)의 원활한 권력계승도 중요한 의미를 갖는다.

피 한 방울 섞이지 않은 남남이 서로 싸우지 않고 권력을 승계한 것은 동방예의지국에서는 찾아보기 힘든 일이다. 한국의 국회를 생각해보자. 주먹다짐을 하는 국회위원들을 지켜보고 있노라면 웃음이 절로 나온다.

위기에 대처하는 미국의 자세

60년대 이후 미국은 이민자를 받아들여 다민족국가가 되었지만 기초는 변하지 않았다. 물론 한 여자를 두고 아버지와 아들이 싸웠던 그 유명한 존 F 케네디 대통령 시절부터 삐뚤어지기 시작했지만 미국은 강력한 기독교 사상을 토대로 공존 공생하는 기반이 마련되었다. 일요일에는 식료품점을 제외한 모든 가게가 문을 닫고 교회에 갔으며 이후에는 가족과 함께 시간을 보냈다.

60~70년대 미국은 정말 살기 좋은 나라였다. 집값과 물가가 싸고 밤늦은 시간과 주말에는 일하지 않으며 인간다운 삶을 누릴 수 있도록 사회적으로 제도화되었다.

80년대에 시작된 무서운 소비풍조는 강력한 미국을 쇠락의 길로 인도했고, 현재는 사실상 전세계가 몰락의 위기에 처했다. 각국 정부는 앞 다투어 경제 성장률을 낮추고 있으며 자산 가격은 계속 폭락하고 있다.

전세계는 미국의 감언이설과 인간의 욕망에 규합된 소비주의에 제대로 속았다. 아이러니한 것은, 이런 아비규환에도 미국 국채에 돈이 몰린다는 사실이다. 큰 형님이 잘못해서 온 식구가 몰락 위기에 처했는데도 그런 큰 형님에게 다시 돈을 맡기고 있다.

로마제국과 페르시아, 칭기즈칸도 세계를 지배하는 데 실패했다. 이제까지는 한 나라가 망하면 또 다른 나라가 나타나 세계를 지배해왔지만 경제만큼은 하나로 연결됐다. 우주를 제외하고 더 이상 퍼져나갈 곳이 없는 이상 지구는 한 덩어리로 공존 공생해야 할 수밖에 없다.

　이번 위기를 극복할 유일한 방법은 큰 형님이 앞장서서 경기 활성화 방안을 모색하고 지구촌 사람들이 다함께 허리띠를 졸라매야 하는데, 주위에 작은 형님들이 많아 제대로 될지 의문이다. 지난 30년간 계속된 소비의 시대가 막을 내리고 전세계가 폭풍의 중심으로 빠져들고 있다. 앞으로 어떤 일이 벌어질지는 아무도 모른다.

한국은 과연 안전한가

영원한 미국의 우방

미국의 영향력에서 자유로운 나라는 없다. 특히 한국은 과거 60년 동안 미국과 밀접한 관계를 유지해왔다. 재미있게 본 〈서울 1945년〉이란 한국 드라마는 그때의 긴박했던 상황을 제대로 묘사하고 있다. 한국의 근대사에 가장 큰 기여를 한 사람은 미국인 선교사들이 아닐까 싶다. 남북전쟁 직후 피로 물든 미국 전역에 회개의 움직임이 일었다. 선교사들은 못 사는 나라에 가서 학교와 병원을 세우고 그들이 자급자족할 수 있도록 도왔다.

한국의 많은 학교와 병원도 미국인 선교사들이 세웠다. 개중에는 연세대, 서강대, 이화여대를 세운 사람들처럼 잘 알려진 사람도 있지만 남모르게 고아들을 돌본 이도 많다. 대표적으로 '여간첩

김수임 사건'의 당사자 김수임 씨가 있다. 이승만 정권의 마녀사냥에 걸려 억울하게 사형당한 김수임 씨는 미국인 선교사가 길러준 고아였다. 최근 그의 아들이 미국중앙정보국(CIA)의 기밀문서를 통해 결백을 밝혀 화제가 되었다.

50년대 한국은 대부분의 식량을 미국에서 원조받았으며 60년대에 들어서도 상황은 크게 나아지지 않았다. 6·25전쟁 때 어머니를 잃고 고아처럼 자란 나의 아버지는 60년대 먹여주고 기술을 가르쳐준다는 얘기를 듣고 해군에 입대해 미 해군이 남겨둔 함정으로 엔진 기술을 배웠다. 일본 또한 크게 다르지 않다. 제2차 세계대전이 끝나고 일본은 미국 포드자동차에서 기술을 전수받아 꾸준히 자동차를 생산했으며 지금은 자동차 강국이 됐다. 도요타자동차의 렉서스가 잔고장이 없는 이유는 일본인의 장인정신이 담겨있기 때문이다.

외환보유고 2,100억 달러의 진실

한국 정부가 철석 같이 믿고 있는 외환보유고의 실체를 잠시 살펴보자. 한국의 외환보유고는 2007년 한때 2,600억 달러에 육박했다가 2008년 말 20퍼센트 가까이 떨어져 2,100억 달러에 이르렀다. 최근에는 미국에서 통화스와프를 들여오면서 어느 정도 안전장치가 마련되었다. 여기서 2,100억 달러는 무엇을 의미할까?

외환보유고는 무역흑자에서 나온 '경상수지'와 외국인이 가지고 들어온 '자본수지'로 나뉜다. 무역흑자는 물건을 팔아서 번 내 돈인데 반해 자본수지는 외국인들이 한국에 가지고 들어온 달러로 돌려줘야 할 돈이다.

가령, 최 부잣집 곳간에 쌀이 가득하다고 해보자. 그중 일부는 최 부자가 직접 경작해서 추수한 최 부자의 것이고, 일부는 동네 사람들이 돈을 빌리면서 담보로 맡긴 쌀로 돈을 갚으면 돌려줘야 할 것이다. 만약 흉년이 들어 식량이 부족하게 되면 최 부잣집 곳간에 있는 쌀은 순식간에 바닥나게 된다.

그럼, 한국의 외환보유고 2,100억 달러 가운데 경상수지와 자본수지는 각각 얼마인가?

이는 아무도 모른다. 그렇다고 각 은행들의 수많은 거래를 일일이 추적할 수도 없다. 유일한 방법은 외환위기가 발발하던 1997년의 외환보유고를 0으로 놓고, 그때부터 무역수지 적자와 흑자를 합한 뒤 현재의 외환보유고 2,100억 달러에서 빼면 자본수지의 근사치가 나온다.

이를 계산해보면 외환보유고의 50퍼센트 이상이 자본수지다. 즉 외국인들이 불안감에 시달려 한국에서 자금을 회수하면 순식간에 한국의 외환보유고는 절반으로 줄어들게 된다.

외국인들은 유동성이 높은 주식은 팔고 부동산은 헐값에 팔아서 자금을 회수할 것이다. 전세계가 공황에 빠지면 국제원조도 시들해진다. 당장 자신이 먹고살기 힘든데 남을 도와주기란 쉽지 않다. 북한에 대한 국제기구들의 식량원조도 줄어들 것이다.

한국 경제의 현주소

한국은 집값의 50퍼센트는 현금으로 내고 나머지 50퍼센트만을 대출받아 충당하므로 미국에 비해 부동산 가격의 하락 정도가 덜할 거라고 하는데 내 생각은 조금 다르다. 한국은 '전세' 제도가 있다. 10억 원짜리 아파트의 전세가가 5억 원이라면 내 돈은 한 푼도 안 들이고 아파트를 살 수 있다. 10억 원 중 5억 원은 전세금으로 하고 나머지 5억 원은 아파트를 담보로 대출받아 충당하면 된다. 그리하여 아파트 가격이 12억 원으로 오르면 홈런이지만 역으로 8억 원으로 떨어지면 문제가 심각해진다.

이런 방법으로 아파트를 담보로 투기한 사람이 많다. 미국과 마찬가지로 한국도 돈이 제대로 돌지 않아 여기저기서 자금압박이 가해짐에 따라 조만간 저가에라도 부동산을 처분해야 할 것이다.

그동안 한국은 휴대전화 단말기, 자동차, 선박을 주로 수출해왔다. 하지만 과거 5년간처럼 휴대전화 단말기를 바꾸고 자동차를 교체할 가능성은 낮다. 자동차는 잘 쓰면 보통 20만~30만 킬로미터는 거뜬히 달릴 수 있다. 나는 2000년형 볼보를 가지고 있는데 2008년 말 현재까지 약 20만 킬로미터를 달렸다. 엔진이 튼튼해 앞으로도 20만 킬로미터는 문제없을 것 같아 새 차를 살 생각이 없다.

이런 생각을 가진 사람이 나 혼자만은 아니다. 당장 밥 먹을 돈도 없는데 멀쩡한 차를 왜 바꾸겠는가. 게다가 미국은 금융시장의 마비로 자동차 할부 대출을 받기도 쉽지 않다. 2007년까지만 해도 100만 원만 있으면 나머지는 융자해서 차를 살 수 있었다. 하지만 지금은 차 값의 20퍼센트 이상을 현금으로 내도 융자해주지 않는다. 자동차는 2~3년만 지나면 새 차의 반값도 안 되는 가격으로 떨어지는 감가상각이 빠른 소모품이기에 은행들이 대출을 꺼린다.

이런 정황으로 미뤄볼 때 한국의 자동차산업은 큰 타격을 입을 것이다. 최근 한국의 모 자동차회사에서 미국에 자동차를 팔면서 해고를 당해 자동차 할부금을 못 내면 3개월 동안 무상으로 보조해주고, 3개월 이내에 다른 직장을 못 찾으면 차를 회수해가겠다고 광고했다. 시장점유율을 높이겠다는 의도는 잘 알겠지만 시대의 흐름을 파악하지 못한 조치다.

중고차 가격은 예상보다 더 크게 하락할 것이다. BMW는 최근 가지고 있는 리스가 끝난 자동차의 가격을 크게 낮춰서 주식투자자들을 놀라게 했다. 조선은 말할 것도 없다. 유가가 하락세를 보이고 세계 경제가 저성장 혹은 공황 상태에 처하면 새로운 배를 살 이유가 없다.

한국 내부의 신용카드 부채도 만만찮다. 미국도 2009년부터 엄청난 규모의 신용카드 부채로 파산 위기에 처한 개인들이 속출할 거라는 전망이 나오고 있다. 그렇게 되면 은행들은 대출을 자제할 것이다. 미국에서 아직까지 크게 드러나지 않은 이슈는 중소기업의 도산이다. 장사는 안 되고 직원들의 월급은 줘야 하고 대출금 이자를 갚아야 하는 상황에서 중소기업들이 모색할 만한 해결책은 불 보듯 뻔하다.

미국이 재채기를 하면 한국은 몸살을 앓는다고 했다. 이번에 미국이 심한 몸살을 앓고 있는데 한국은 어떻게 될까?

한국인들은 남들에게 보여주기 좋아하는 성향이 강해서 기름 한 방울 나지 않은 나라에서 너도나도 중형차를 타고 다닌다. 일본인들은 조금 다르다. 체면보다 실속을 중시하고 검소하다. 미국의 축소판이나 다름없는 한국은 국가적 차원에서 향락문화를 근절하지 않고서는 이번 금융위기에서 살아남기 힘들 것이다.

3장

금융위기,
돈을 잃는 사람과 돈을 따는 사람

THE TRUTH ABOUT MONEY

사람들은 어떤 자산이든 시간이 지나면 가치가 오를 거라 생각한다. 마찬가지로 모기지도 이익이 남는다는 전제로 돈을 빌려준다. 그런 데 금융시장은 돈을 떼이고도 계속 빌려주는 이상한 습성을 갖고 있다. 마치 배신한 연인에게 다시 돌아갈 수밖에 없는 슬픈 운명을 가진 사람처럼 말이다.

역사상 최대의 다단계, 메도프 금융사기

메도프는 어떻게 사기를 쳤나

2008년 12월 미국을 떠들썩하게 한 역사상 최대의 다단계 사기 사건은 뜻밖에도 버나드 메도프(Bernard Lawrence Madoff)가 두 아들에게 자백하며 밝혀졌다. 나스닥 의장을 지낸 메도프는 미국, 유럽, 중동, 아시아의 개인투자자들에게 신임을 얻어 사상 최대 규모인 500억 달러의 사기 행각을 벌이다 덜미를 잡혔다.

메도프가 활용한 수법은 일명 '폰지 사기'. 영어로는 Ponzi Scheme라고 하는데 1920년대의 유명한 금융 사기꾼 찰스 폰지(Charles Ponzi)의 이름에서 따왔다. 폰지 파이낸싱은 너무나 허무맹랑했다. 고수익을 미끼로 투자자들을 끌어들인 뒤 나중에 투자한 사람의 돈으로 앞선 투자자에게 원금과 수익을 지급하는 수법이었다. 쉽게 말하면, 투자한 돈으로는 7퍼센트밖에 못 버는데 13퍼센트를 보장해준 것이다. 그렇다면 나머지 6퍼센트는 어디서 나온 것일까? 나중에 들어온 사람이 투자한 돈으로 충당한다.

다단계판매의 수명은 보통 2~3년인데, 이번 메도프 사건은 10년 넘게 계속됐다. 액수가 자그마치 500억 달러, 1달러당 1,000원으로 환산해도 50조 원이다. 대한민국 국민이 반 년 동안 먹고살 돈이 날아간 것이다. 한국의 다단계는 나중에 들어온 사람의 돈만 날아가며 처음이나 중간에 들어온 사람은 계속 돈을 받는다. 하지만 메도프의 다단계는 소위 헤지펀드라는 우산 아래 이자도 붙는 것처럼 허위 조작해 사람들이 투자한 돈을 회수하지 못하도록 했다. 이 사건으로 미국을 비롯해 영국, 일본, 네덜란드, 스위스, 그리고 한국에서까지 탄식이 흘러나왔다.

일흔이 넘은 노인네가 이처럼 큰 사기를 칠 수 있었던 이유는 단 한 가지다. 돈이 된다면 물불 가리지 않고 덤벼드는 인간의 심리를 이용했던 것이다. 메도프가 나스닥 의장을 지냈고 월가에서 40년 동안 살았으며 여기저기에 집도 많이 가지고 있다고 하니 덜컥 믿어버린 것이다. 게다가 유대인이고 혈연관계로 따지면 미국 법무장관까지 연결되는 사람이 돈을 굴려준다고 하는데 마다할 사람이 있겠는가.

그리고 보면 인간은 참 속이기 쉬운 존재다. 나의 아버지는 독일에서 들여온 유산균음료를 판매하는 다단계회사에 발을 들여놨다가 전 재산을 탕진했다. 사실 유산균음료만 놓고 보면 괜찮은 상품이었다. 문제는 1년 안에 본전을 뽑는다고 광고하는 것이었다. 1년 안에 본전을 뽑고 이후에는 공돈이 생긴다고 하면 귀가 얇은 사람들은 얼씨구나 하고 말려든다. 부친이 4,000만 원을 투자하면 4개월 후에는 본전을 뽑는다며 미국에 있는 내게 돈이 들어온 통장까지 보여주는 순간 나도 솔깃했었다. 회사 광고지도 보여주고, 또 먹으면 모든 병이 다 낫는다는 그 유산균음료도 마음에 들어 나도 한 번 투자해보고 싶은 생각이 들었다.

하물며 메도프는 오죽했을까? 유대인 관련 기관들은 물론 유명한 영화감독 스티븐 스필버그도 메도프의 헤지펀드에 투자했다. 혹자는 메도프가 남몰래 자선단체에 기부하지 않았겠느냐고 말하지만 50달러씩 주고 발가락 손질을 받는 사람이 자선단체에 기부했을까 싶다.

미치고 빗나간 사람의 펀드

메도프라는 이름도 참 멋지다. 'Mad(미친)'와 'Off(빗나가다)'가 합해져서 미치고 빗나간 이 사람은 80년대 월가의 비약적 성장에 힘입어 투자의 마법사라는 칭호를 얻으며 많은 돈을 굴렸다. 시장의 오르내림에 관계없이 언제나 돈을 잃지 않고 매년 10~15퍼센트의 수익을 올리는 이 펀드에 대해 한번쯤 의심해볼 만했지만 사람들은 아무 의심 없이 계속 투자했다.

사실 사람들은 금융시장이 어떻게 돌아가는지 잘 모른다. 내가 일한 은행의 세일즈 담당자들도 입으로만 중얼거릴 뿐 컴퓨터가 없으면 간단한 계산조차 못한다. 그러다 보니 상대방에게 팔기만 하면 된다고 생각하고 위험 정도를 따져보지 않는다. 시장이 얽히고설켜 하나가 무너지면 모든 것이 한꺼번에 무너지는데도 사람들은 우쭐대며 조금만 아는 체하면 쉽게 넘어갔다.

80년대 이후 사람들은 돈을 벌려면 주가가 올라야 한다고 생각했다. 그런데 주식시장은 전세계에서 가장 큰 다단계 조직이다. 주식은 채권처럼 근본적인 돈의 흐름이 보장되지 않고 그저 다른 사람이 나보다 더 비싸게 사주기를 기다리는 상품이다. 30년 동안 많은 사람들이 《이상한 나라의 앨리스》에 나오는 세상처럼 이상한 금융시장을 당연한 것인 양 받아들였다. 이런 금융시장에 기반한 자본주의는 부자와 빈자의 차이를 더욱 키웠다. 옛말에 부자는 망해도 3년은 먹을 것이 있다고 했는데 요즘의 금융경제에서 망한 부자는 3년은커녕 1년도 버텨내기 힘들다.

150년 징역형을 선고받은 메도프는 죽을 때까지 감방살이를 할게 분명하고 그의 아내도 마찬가지일 것이다. 어떤 가정은 부모 형제 할 것 없이 모두 메도프의 펀드에 투자해서 3,000만 달러(300억 원)를 날렸고, 어떤 노부부는 평생 모은 100만 달러를 모두 날려 집세도 못 내고 거리에 나 앉게 되었으며, 기관투자자들은 수억 달러에서 수십억 달러까지 잃었다. 그런데 돈 잃은 개인투자자나 기관투자자 가운데 메도프를 직접 만나본 사람은 몇 명이나 될까?

메도프의 펀드에 10억 달러 이상 투자한 기관투자자들은 메도프가 직접 전화를 받아주고 저녁도 대접하겠지만, 기껏해야 몇 백만 달러나 몇 천만 달러를 투자한 개인이나 기업은 말단직원과의 몇 번의 전화통화가 전부일 것이다.

펀드는 얼굴 없는 귀신과 같다. 내 소중한 돈을 누가 어떤 식으로 굴리는지를 제대로 알려주지 않고 기껏해야 홍보용 전단지 몇 장을 나눠주며 읽어보고 투자하라고 한다.

금융시장에 드리워진 장기 불황의 먹구름

앞으로의 금융시장은 지난 30년과는 비교도 할 수 없는 방향으로 전개될 것이다. 제2차 세계대전이 끝나기도 전에 세계 각국의 지도자들은 미국의 브레튼우즈(Bretton Woods)에 모여 강력한 정부의 개입을 요구하는 금융 시스템의 도입을 결의했다. 이번에도 전세계 주요 국가들이 모여 이와 유사한 시스템을 만들지도 모른다.

지금 가장 큰 문제는 기업들이 너무 비대해졌다는 것이다. 90년대 일본은 불황을 극복하기 위해 중앙은행에서 기준금리를 0퍼센트로 떨어뜨리고 양적완화(Quantitative Easing) 정책을 통해 시중에 자금을 공급했지만 은행들은 그 돈을 쌓아둔 채 소비자에게 풀지 않았다. 정부 정책이 소비자에게 제대로 영향을 미치지 못해 기업의 자금흐름을 바꾸는데 기여하지 못했다. 그 결과 일본은 10년 장기 불황에 빠졌다.

현재의 미국도 그때의 일본과 유사한 방향으로 나아가고 있다. 문제는 연방준비제도이사회가 기업들이 저지른 사고를 수습하는 데 급급한 나머지 전혀 방향을 제시하지 못한다는 데 있다. 이는 소비자들도 동조했지만 기업들이 잘못해서 경제가 파탄났는데 잘못한 기업들을 벌주고 파산시키는 게 아니라 밑 빠진 독에 계속 돈만 부어대는 격이다. 비만인 아들이 아프면 빨리 운동시키고 다이어트를 시켜서 살을 빼게 하고 근본적인 치료를 해야지, 계속 먹게 내버려두면서 진통제나 먹인다면 아들의 상태는 더욱 악화될 것이 뻔하다.

70년대 말처럼 유가파동과 불황을 막기 위해 극약 처방을 하는 연방준비제도이사회는 사라지고 안일하고 하루하루를 살아가는 데 급급한 중앙은행만이 남았다. 앞으로의 금융시장은 불안하고 위태롭기 짝이 없다.

채권시장은
어떻게 돌아가나

이 책의 집필 제안이 들어왔을 때 출판사에서 수학 공식이나 도표를 이용한 어려운 설명은 가급적 자제해 달라고 부탁했다. 그러나 이 책을 읽은 독자들 중에는 금융에 대해 좀 더 자세히 알고 싶은 분들도 있을 것이다. 그런 독자들을 위해 이번에는 조금 어려운 채권 수학에 대해 얘기하려 한다. 최대한 쉽게 설명하겠지만 읽다가 골치 아프다면 바로 다음으로 넘어가도 내용을 이해하는 데는 큰 문제가 없다.

여기서는 채권(fixed income) 수학과 모기지 기반 채권(mortgage backed fixed income) 수학을 잠시 살펴보자. 이 과정을 거쳐야 비로소 서브프라임 모기지가 왜 붕괴되었는지를 이해할 수 있다.

채권에 능통하려면 수익률곡선, 변동성, 조기상환을 완벽하게 이해해야 한다. 월가에는 수익률곡선 때문에 20~30년을 보낸 사람

들이 허다하다. 그들은 모두 응용수학이나 물리학 박사들로 미적
분방정식과 선형대수학에 능통하다. 이 사실에 비춰볼 때 세 가지
모두를 잘한다는 것이 얼마나 힘든 일인지를 알 수 있다.

수익률곡선

원금과 이자를 활용한 돈놀이인 채권이 복잡한 이유는 수익률
곡선(yield curve) 때문이다. 가령, 내가 누군가에게 1,000원을 꿔주고
1년 후 6퍼센트 이자와 원금을 돌려받기로 했다(이자는 모두 1년 기
준으로 계산한다)고 하자. 이 금융상품을 현재가치로 환산하면 어떻
게 될까? 1년 후 받을 1,060원을 현재의 화폐로 환산하면 가치가
줄어들게 되는데 이를 '화폐의 시간가치(time value of money)'라고 한
다. 수익률곡선이 1년 만기 채권의 한 부분이라 가정하면(실제로는
매월 1개씩 있다) 1,060원은 "1060÷(1+1년 이자율)의 1승"이 된다.
1년 이자율이 0보다 커서 1,060원을 1보다 큰 수로 나누므로 현재
가치는 1,060원보다 작다.

그렇다면 일반적으로 채권에는 몇 개의 수익률곡선이 있을까?
보통 시장에서는 360개, 즉 한 달에 1개씩 30년치를 계산해서 다룬
다. 그러면 매달 이자를 내고 1년 만기 채권이라면 이자율 6퍼센트
를 기준으로 현재가치는 "5원(60원의 1년치 이자를 12개월로 나눈다)
÷(1+1개월 이자)1/12승+5원÷(1+2개월 이자)2/12승+5원÷(1+3
개월 이자)3/12승…… 1,005원(원금 1,000원에 마지막 달 이자 5원)÷

(1+12개월 이자)1승"이 된다. 1개월 이자, 2개월 이자······360개월
의 이자는 시장에서 매일 바뀌며 종류도 다양하다.

채권의 수익률곡선에는 미국 국채 수익률곡선, 영국 런던의 은
행 간 금리인 리보 수익률곡선, 그리고 세계 각국의 국채 수익률곡
선이 있다(한국 국채도 수익률곡선이 있다). 일반적으로 기관이나 은
행들 사이에서는 리보 수익률곡선이 가장 중요하다.

변동성곡선

변동성곡선(volatility curve)은 채권 파생상품의 수익률을 계산하는
데 필요한 개념이다. 왜 변동성이 형성되는지에 대해 제대로 이해
하고 있는 사람은 많지 않다.

채권에는 '볼록성(convexity)'이 존재한다. 수학적으로 말하면, X
축은 1에서 2, 3으로 같은 비율로 움직이는데 Y축은 1에서 4, 9로
(제곱인 경우) 다른 비율로 움직이기 때문에 일어나는 현상을 볼록
성이라 한다. 앞서 살펴본 것처럼 채권가격은 항상 분모에 승이 있
다. 볼록성을 미적분 개념으로 표현한다면 1차 미분이라 할 수 있
다. 변동성은 볼록성을 헤지하기 위해 생긴 개념이다.

그럼 헤지는 무엇인가? 채권의 입장에서 설명하면, 헤지는 수익
률곡선의 변동에 따라 채권가격이 오르내리는 것을 완화시키기
위한 작업이다. 헤지는 복잡한 계산과 미래 예측, 그리고 동물적
감각이 요구된다. 헤지를 잘못해서 수천억 원을 잃고 쫓겨난 사람

도 많다. 변동성 역시 360개가 존재하며, 변동성이 계산되면 채권 파생상품의 가격을 계산할 수 있다.

조기상환

'조기상환(prepayment)'은 모기지 채권에서 많이 쓰이는 개념이다. 모기지를 얻었다 해도 언제든지 새로운 모기지를 신청하고 기존 모기지를 처분할 수 있다. 일반적으로 이자가 낮은 모기지가 출시되거나 집을 팔고 다른 집을 살 때 사람들은 새로운 모기지를 신청한다. 쉽게 말하면, 집주인은 자신이 가지고 있는 모기지에 대한 옵션이 있는 것이다. 회사채나 국채는 만기 전에는 원금을 돌려받을 수 없기에 대부분 옵션이 없다. 모기지를 6퍼센트 이자에 얻은 집주인이 1년 후 금리가 떨어져 5퍼센트에 새로운 모기지를 낸다면 시장 금리가 5퍼센트이므로 이전의 모기지 채권은 6퍼센트 이자를 받을 수 없다.

이자율과 채권가격은 반비례한다. 5퍼센트 이자를 지급하는 채권가격이 100원이면 6퍼센트 이자를 지급하는 채권가격은 102원이다. 앞서 설명했던 채권의 현재가치를 계산하는 공식을 다시 한번 살펴보면 쉽게 이해될 것이다. 모기지 채권의 가격을 계산하려면 360개의 수익률곡선에 대해 각각 조기상환이 얼마나 되는지를 계산해야 한다. 조기상환 역시 많은 응용수학 박사와 물리학 박사들이 수십 년을 허비할 만큼 어려운 분야다.

채권시장의 꽃은 트레이더다. 유명한 박사들이 만든 모델을 활용해 채권을 평가하고 사고팔고 헤지하는 사람들을 트레이더라 한다. MIT나 하버드대, 와튼스쿨에서 성적이 좋은 학생들만을 선별해 트레이닝을 한다. 학점이 4.0 만점에 3.7 이상이라야 명함을 내밀 수 있을 만큼 우수한 사람들로 구성되어 있다. 트레이더들 중에는 박사 출신도 많다. 모기지 채권 파생상품 트레이더 중에는 한국인 1세로서는 나와 물리학 박사인 한 분이 있다. 그는 서울대 물리학과를 졸업하고, 베이징의 나비가 날갯짓을 하면 뉴욕에서는 태풍이 분다는 식으로 설명되는 카오스 이론으로 미국에서 물리학 박사학위를 받았다. 이 사람은 위의 세 가지 모델링 가운데 조기상환을 하다가 천성적인 영민함과 시장을 보는 예리한 시각을 인정받아 트레이더로 발탁됐다.

CMO, 주택저당담보부·다계층증권

여기까지 설명하면 모기지 채권의 형성 과정은 어느 정도 이해될 것이다. 마지막으로 한 가지 더 있는데 바로 CMO(Collateralized Mortgage Obligation, 주택저당담보부 다계층증권)이다. CMO는 모기지를 가지고 돈의 흐름을 여러 개로 나눠 구조화한 증권이다. 수요와 공급이 만나 모든 경제활동이 이뤄지듯 CMO 역시 마찬가지다. 금융기관들은 여러 형태의 돈의 흐름이 필요하다. 상업은행은 예금을 굴려 얻은 이자를 취하므로 단기간에 적더라도 안전한 이자를 받기 원한다. 반면 AIG 같은 생명보험사는 30대에 보험에 가입하더라도 최소한 60대까지는 보장해야 하는 등 장기간 책임(liability)을 져야 하기에 오랫동안 이자를 받고 원금은 먼 훗날 받기를 원한다.

이런 연유로 금융회사들은 주어진 모기지를 쪼개고 붙여서 각기 다른 성격의 채권을 만든다. 이런 일을 하는 사람을 '스트럭쳐러(structurer)'라고 하는데 트레이더들을 지원해주는 역할을 한다. 좋은 대학을 나왔지만 시장에 대한 동물적 감각이 약한 사람들이 주로 스트럭쳐러나 리서처가 되고 동물적 감각은 있지만 복잡한 수학 계산을 하기 싫어하는 사람들은 세일즈를 한다. 모기지 채권은 장외거래를 하므로 세일즈 담당자들은 각각의 계좌를 담당하며 전화로 주문을 받고 채권을 판다. 트레이딩, 스트럭쳐링, 리서치, 세일즈가 결합되어 자산시장이 이뤄진다.

모기지 채권, 이보다 더 편하게 돈을 벌 수 있을까

채권시장에 대해 어느 정도 이해됐다면 이제 본격적으로 서브프라임 모기지가 무엇인지 알아보자. 본격적인 설명에 앞서 모기지에는 어떤 것들이 있는지부터 살펴보자.

어떤 모기지가 있나

모기지는 개인의 신용도와 수입에 따라 프라임(prime), 알트에이(Alt A), 서브프라임의 세 등급으로 나뉜다.

서브프라임은 2억 원 이하의 주택에 대해 뚜렷한 수입이 없는 자영업자나 신용이 좋지 않은 사람에게 빌려주는 모기지다. 처음 2년간은 2퍼센트의 저렴한 이자로 유혹하지만 이후에는 이자가 8

퍼센트 이상으로 오르는 무서운 모기지다. 가령, 2억 원의 모기지를 얻었다면 처음 2년간은 한 달 이자가 35만 원 정도 되지만 이후에는 그것의 4배인 140만 원으로 껑충 뛴다.

알트에이는 2억 원에서 6억 원 사이의 주택에 대해 신용도가 보통이고 한 달 수입이 300만 원에서 700만 원 수준인 사람에게 파는 모기지다. 프라임은 알트에이와 서브프라임을 제한 나머지 모기지로 가장 안전하고 저렴하다.

알트에이는 다시 이자율과 매달 돈을 갚는 방식에 따라 여러 개로 나눠진다. 가장 간단한 30년, 15년짜리 고정금리부터 5년, 10년 낮은 금리와 그 외 변동금리, 그리고 내가 취급했던 옵션변동금리모기지가 있다. 옵션변동금리모기지는 서브프라임보다 훨씬 위험한 모기지로 1년 만기 미국 국채 이자에 마진을 붙여 이자율이 책정된다. 대신 모기지를 낸 첫 달은 1~2퍼센트의 낮은 이자로 매월 내는 불입금이 책정된다.

매월 이자는 실질 변동금리에 따르지만 돈을 갚는 방식은 당초 계산한 대로 아주 저렴한 돈만 갚기, 이자만 갚기, 30년 동안 갚기, 그리고 15년 동안 갚기의 네 가지 중 하나를 선택할 수 있다. 예를 들어, 1억 5천만 원짜리 모기지는 각각 74만 원, 88만 원, 105만 원, 150만 원이 된다. 만약 이자가 88만 원인데 그중 74만 원만을 갚는다면 나머지 14만 원은 어떻게 될까? 원금에 더해진다. 즉 원래 이자 88만 원에서 납부한 74만 원을 제한 14만 원을 더해 원금은 1억 5천14만 원으로 늘어난다. 이것이 옵션변동금리모기지를 망치는 요인 가운데 하나다.

원래 옵션변동금리모기지는 돈 많은 사람들이 현금흐름을 관리하기 위해 사용하는 상품이었는데 부동산 가격이 오르면서 원금에 더해도 이익이 남자 너도나도 계약하게 됐다. 옵션변동금리모기지만 300조 원 이상 팔렸으며 그 가운데 25퍼센트는 내가 팔았다.

이번 금융위기를 일으킨 장본인은 서브프라임과 알트에이다. 2007년과 2008년에는 대출받고 2년 후에 이자율이 오르는 서브프라임이 무너졌지만 2009년부터는 구입하고 5년 후부터 이자율이 오르는 알트에이가 무너질 것이다. 알트에이의 규모는 서브프라임의 두 배가 넘는다. 2008년 9월 현재, 알트에이의 심각한 연체율을 고려하면 금융시장의 고통은 이제 시작일 뿐이다.

그들은 왜 모기지를 샀을까

집값이 오르고 호경기가 계속되자 사람들은 모기지 대출을 받아 낮은 이자를 내다가 2년이 지나면 높은 값에 집을 팔아치우고 다른 집을 산다. 이들에게 모기지를 대출해준 은행들이 2년 동안 2퍼센트 이자에 만족할 거라 생각했다면 큰 오산이다. 은행은 바로 돌아서서 그 모기지를 많은 이익을 남기고 자산시장에 판다. 자산시장은 이런 모기지들을 모아 구조화한 다음 다시 상업은행이나 상호신용금고, 생명보험사 등에 판다. 2006년처럼 호경기에는 1조 원짜리 서브프라임을 팔면 많게는 200억 원까지 남았다. 미국의 모기지 시장이 이처럼 과열된 배후에는 월가, 투자자, 모기지 오리

지네이터(originators), 부동산중개업자, 그리고 이름 모를 모기지 브로커들이 있었다.

모기지 채권은 언제 만들어질까? 가령, X씨 가족이 집을 산다고 하자. X씨는 부동산중개업자와 함께 집을 보러 다닌다. 어떻게 보면 이들 부동산중개업자가 악의 시발점이라 할 수 있다. 부동산중개업자는 X씨에게 "작년에 비해 집값이 10퍼센트나 올랐다. 이런 추세라면 내년에는 더 오르면 올랐지 절대 떨어지지는 않는다."라며 구매를 부추긴다. 그러면 한 집에 여러 사람이 몰려들면서 팔려고 내놓은 가격에서 5퍼센트는 기본으로 올라간다.

경쟁자들을 물리치고 집을 계약하면 그때부터 X씨는 모기지를 빌리러 다닌다. 가장 먼저 모기지를 모두 대출받을 수 있는 모기지 브로커를 찾아간다. 기막힌 점은 내 돈 한푼 없어도 모기지를 대출받을 수 있다는 사실이다. 모기지 시장이 정상일 때는 적어도 집값의 20퍼센트 이상 현금을 가지고 있어야 모기지를 대출해줬다. 그런데 부동산 가격이 오르고 너도나도 모기지를 얻어 집을 사게 되자 생명이 있는 모든 것에 모기지를 빌려주는 상황에 이르렀다. 심지어 '닌자(NINJA)'라는 이름으로 수입도 없고(No Income) 직업도 없고(No Job) 자산도 없는(No Assets) 사람에게 대출해주는 극단적인 상황까지 벌어졌다.

모기지를 빌려주고 수수료를 얻는 모기지 브로커의 입장에서는 잃을 것이 없었다. 모기지 브로커는 내가 일했던 워싱턴뮤추얼을 비롯해 컨트리와이드(Countrywide), 리먼브라더스, 메릴린치, 베어스턴스 등과 결탁해 거의 무이자로 돈을 빌린다. 그런 다음 잔금 치르고 이사하는 날 이 돈을 전 주인에게 전달하고 그 자리에서 돈을 빌려준 회사에 모기지 채권을 넘긴다. 월가에서는 이렇게 모인 모기지를 매월 구조화해 여러 가지 모기지 채권을 만들어 투자자에게 판다. 모기지 채권은 그야말로 꿩 먹고 알 먹는 장사였던 것이다. 이보다 더 편하게 돈버는 것이 있을까 싶다.

이 모든 과정은 집값이 오르고 호경기가 계속되는 가정하에 이뤄졌다. 역사적으로 가장 확실한 사실은 흥한 것은 결국 망한다는 것이다. 올라간 것은 반드시 떨어지게 마련이다. 올라갈 때는 많은 힘이 필요하지만 떨어질 때는 중력에 의해 쉽게 떨어진다. 결국에는 모두 망한다는 것을 알면서도 마지막까지 춤을 추겠다는 인간의 심리 또한 역사가 증명해 보였다. 그 사실을 알면서도 사람들은 이런 상태가 계속되기를 바랐다.

잘 나가던 앨런 그린스펀의 실수

미국의 부동산 시장이 이렇게 처참하게 망가지게 된 책임은 전적으로 연방준비제도이사회 전 의장인 앨런 그린스펀(Alan Greenspan)에게 있다고 해도 과언이 아니다. 2001년 9·11 테러 이후 침체된 경기를 살리기 위해 연방준비제도이사회가 연방기금금리를 오랫동안 제로 수준으로 유지한 것이 결정적 원인이 됐다.

학벌에 대한 콤플렉스를 가진 그린스펀은 똑똑한 경제학자들의 의견을 귀담아듣지 않았다. 규제를 싫어한 그는 시장경제를 고집

했다. 얼마 전 출간된 그의 자서전에는 처음부터 끝까지 자화자찬의 일색이었으며 회개의 말은 한마디도 없었다. 세계 경제를 파탄에 빠뜨렸으면 양심의 가책을 느껴야 한다. 경제를 공부한 사람들은 알겠지만 자원이 한정되어 있는데 어떻게 다단계판매 같은 모기지 시장이 지속되겠는가? 모기지 시장은 결국에는 폭발하게 될 시한폭탄이었던 것이다. 나도 거기에 동참했으므로 모기지 시장의 붕괴 책임 공방에서 자유로울 수 없다는 것을 잘 안다.

연방기금금리가 1퍼센트 대였으니 레버리지는 거저먹기나 다름없었다. 당시 모기지 채권 금리는 아무리 낮더라도 5퍼센트 대를 유지했다. 1퍼센트에 빌려 5퍼센트에 팔았으니 이 얼마나 수지맞는 장사인가? 1,000억 원을 빌리면 1년에 40억 원이 남는데 저능아가 아니고서야 마다할 사람이 어디 있겠는가? 20조 원이 있다면 10배는 거뜬히 불릴 수 있었다.

이후 투자은행들의 사재기가 시작됐다. 리먼브라더스와 베어스턴스를 비롯해 모든 투자은행이 거기에 동참했다. 그 결과 시장은 한껏 과열되었다. 버냉키로 의장이 바뀐 뒤 연방준비제도이사회는 서서히 금리를 올리기 시작했다. 한동안 아무 일 없는 듯 모기지 시장과 주택시장은 잘나갔다.

하지만 2007년 2월 첫 번째 적신호가 나타났다. 서브프라임 모기지업체인 뉴센추리 파이낸스(New Century Financial)가 부도가 났다는 소식이 들렸다. 돈을 빌려주는 곳은 없는데 가지고 있던 모기지는 팔 수 없게 된 것이다.

리스크를
계산할 수 없는 이유

위험 불감증에 걸린 월가

사람들은 어떤 자산이든 시간이 지나면 가치가 오를 거라 생각한다. 마찬가지로 모기지도 이익이 남는다는 전제로 돈을 빌려준다. 그런데 금융시장은 돈을 떼이고도 계속 빌려주는 이상한 습성을 갖고 있다. 마치 배신한 연인에게 다시 돌아갈 수밖에 없는 슬픈 운명을 가진 사람처럼 말이다.

아르헨티나가 국채 이자를 지급하지 않겠다고 선언한 것은 한두 번이 아니다. 하지만 10년이 지나면 투자은행들은 또다시 아르헨티나에 돈을 빌려준다. 이유는 매우 단순하다. 10년 전에 아르헨티나 국채를 샀던 사람들은 큰 손실을 입고 투자은행에서 해고된 것이다. 아르헨티나가 다시 국채를 발행하자 다른 직원이 "10년

전에 모라토리엄을 선언하고 큰코다쳤으니 다시는 그러지 않겠지. 그리고 그간 신용회복을 위해 노력했으니 신용평가사에서도 긍정적인 평가를 내놓을 거야."라며 아르헨티나 국채를 산다.

여기서 100만 달러짜리 문제가 나간다. 아르헨티나가 다시 국채에 대해 채무불이행을 선언할 확률은 얼마일까?

그동안 월가는 위험에 대해 매우 관대했다. 그만큼 수익이 많았으며 진정한 의미의 위험을 몰랐던 것이다. 아시아의 펀드매니저가 AAA 등급 CDO를 살 때 어떤 위험이 있는지를 알았을까?

솔직히 고백하자면, 그때는 모기지 채권을 만든 나도 잘 몰랐다. 2005년부터 2007년까지 한창 모기지 채권을 만들 때는 그런 세상이 영원히 계속될 것만 같았다. 그때의 기분은 말로 표현하기 힘들다. 아마겟돈은 상상조차 하기 싫었다.

2007년 여름 뭔가 잘못됐다고 감지한 뒤 내가 만든 모기지 채권이 얼마나 위험한 것인지를 알게 되었다. 만든 나도 몰랐던 것을 아시아의 펀드매니저가 알았을 리가 없다.

아시아시장을 움직이는 펀드매니저나 남대문시장의 튀김집 아줌마나 CDO가 뭔지 모르기는 마찬가지였을 것이다. 어쩌면 남대문시장 아줌마가 시장 분위기를 이해하는 동물적인 감각은 더 뛰어날지도 모른다.

이와 같이 월가의 위험 불감증은 매우 심각했다.

제대로 리스크를 관리했는가

1997년 아시아 외환위기와 러시아의 모라토리엄 선언, 그리고 LTCM 파산 사태를 겪으면서 월가는 리스크 관리에 대해 다시 생각하게 됐다. 당시 크레디트스위스퍼스트보스턴(CSFB)의 CEO였던 알렌 휘트(Allen Wheat)는 와튼스쿨을 방문해 이 모든 일들은 퍼펙트스톰(perfect storm)이라 말했다. 아무런 예고도 없이 잔잔한 바다에서 갑자기 일어나 모든 것을 삼켜버리는 태풍과 같다는 것이다. 그후 월가는 그들만의 방식으로 리스크 관리에 집중하기 시작했다. 금융공학 박사들을 고용하고 리스크관리에 관한 새로운 모델을 찾았다. 그래서 도입된 것이 VaR(Value at Risk) 개념이다.

VaR은 시장·신용·운영 위험 등으로 발생할 수 있는 최대 손실 예상액을 추정하는 모델로 위험 측정의 잣대로 주로 사용된다. 금융회사의 리스크 관리자들은 모든 트레이더들이 가지고 있는 포지션을 종합해 VaR을 도출한다. 조직의 상위계층이 개별 트레이더들이 가지고 있는 상품이나 헤지를 모두 파악하기란 사실상 불가능하다. 그래서 리스크 관리자들은 이런 상품이 잃을 수 있는 돈을 과거 30일, 60일, 90일, 6개월, 1년, 2년…… 10년 단위로 통계자료를 분석해 하나의 숫자로 계산해낸다.

날마다 경영진의 책상에 놓여 있는 이 숫자들은 1퍼센트의 확률로 30일 이내에 얼마만큼 돈을 잃을 수 있는지를 계산해낸 것이다. 주식, 주식파생상품, 국채, 모기지 채권, 회사채 부문 등 투자은행의 각 부문별로 얼마나 잃을 수 있는지를 계산해 전날이나 전달과 비교해 수치가 지나치게 낮거나 높은 부서에는 적신호가 떨어진다.

월가에서 잘못 계산한 것

이번 금융위기는 100년에 한 번 일어날까말까 한 사건이다. 100년 동안 데이터를 모아두지 않았을 뿐더러 이만큼 큰돈을 잃을 확률이 0.000001퍼센트인데 미리 예측하는 것이 가능할까?

이번 위기와 관련해 월가에서 잘못 계산한 것, 아니 간과한 것은 금융상품 간의 상관관계다. 삼성전자 주식의 30일간 가격변동과 현대자동차 주식의 30일간 가격변동의 상관관계를 '상관성(correlation)'이라 하는데, 아무 일이 없을 때는 상관관계가 없는 것처럼 보인다. 이처럼 아무 일이 없을 때의 가격변동을 토대로 계산된 리스크와 VaR은 정작 큰일이 일어나면 무용지물이 된다. 금융시장에 두려움이 퍼지면 모든 상관관계는 1로 바뀐다.

쉽게 말하면, 평상시에는 이 주식이 오르면 저 주식은 떨어지는데 금융시장에 두려움이 퍼지면 모든 사람이 한꺼번에 팔려 하기 때문에 이전에 계산한 이 주식과 저 주식의 상관관계가 아무 소용이 없어지는 것이다.

이런 일을 방지하기 위해 리스크 관리를 하는 걸까? 그렇지 않다. 아이작 뉴턴은 자신은 만류인력의 법칙과 우주의 법칙은 계산할 수 있어도 인간의 광기는 계산할 수 없다고 말했다.

정신병자가 자동차를 운전하고 다닌다면 길거리를 지나가는 사람은 언젠가는 치어죽게 될 것이다. 자동차에 치어죽지 않는 유일한 방법은 돌아다니지 않고 집에 있는 것이다. 마찬가지로 금융시장도 이번 위기를 극복하려면 무분별한 레버리지를 줄이는 방법밖에 없다. 투자은행이 엄청난 양의 파생상품을 만들어내고 주정부와 시정부, 학교 할 것 없이 모든 기관이 맞물려 있는 상황에서는 리스크 관리가 사실상 무의미하다.

캘리포니아 주정부의 재정이 악화되자 터미네이터 주지사 아놀드 슈왈제네거(Arnold Alois Schwarzenegger)가 중앙은행에 돈을 꾸러 갔다. 차관을 신청하고 나서 슈왈제네거는 "I will be back."라고 말했다는 우스갯소리가 있다.

각 주정부와 시정부, 학교는 그동안 월가와 무수히 많은 파생상품을 거래해왔다. 그런데 서부에 위치한 조그마한 도시의 재무 담당관(finance director)이 복잡한 금리스와프(IRS ; Interest Rate Swap)를 이해하고 거래했을까? 투자은행의 세일즈 담당자가 "지금 우리랑 이 파생상품을 거래하면 매달 2억 원이 절약됩니다."라고 했다고 하자. 이 세일즈 담당자는 미래에 어떤 일이 일어나면 2억 원을 절약하기는커녕 오히려 5억 원을 손해볼 수 있다는 말은 하지 않는다.

무엇이든 만들 수 있는 파생상품

1999년 나는 와튼스쿨을 졸업하고 한 투자은행의 일본 지사에서 일할 기회를 얻었다. 당시 일본에는 '도바시'라는 금융상품이 한창 성행하고 있었다. 도바시는 원금 100원에 대한 1년 이자가 100원인 수익률 100퍼센트의 금융상품으로, 버블 붕괴 당시 손실을 감추기 위해 일삼아왔던 일종의 대차대조표 촉진제(Balance Sheet Booster)다. 그런 상품이 어디 있느냐고?

파생상품은 무엇이든지 만들 수 있다. 이자 100퍼센트를 주는 파생상품은 엄청난 위험이 내재되어 있었다. 기업들은 이 상품을 이용해 단기에 엄청난 수익을 거두고 주가를 올렸다. 주가가 오르면 높은 자리에 있는 사람들은 거액의 보너스를 받게 되고, 투자은행은 상품을 팔아서 수수료를 얻었다.

그 투자은행은 도바시 같은 파생상품을 구조화해 한국에 팔기를 원했다. 고민 끝에 나는 결국 그 회사에 가지 않기로 했다. 그곳으로 옮기는 것이 내게는 많은 돈을 벌 수 있는 기회였지만 양심을 팔고 싶지는 않았다. 금융상품은 살아가는 데 반드시 필요하지만 도바시는 아니라는 생각이 들었다.

지난 2002년 CSFB 일본 지사가 일본 검찰에 압수 수색을 받았다. 나는 도바시 같은 파생상품이 연류돼 있다는 것을 직감적으로 알았다.

돈 버는 사람 vs 돈 잃는 사람

주주는 잃었고 중개인은 벌었다

월가는 운이 따르고 줄을 잘 서야 살아남을 수 있는 곳이다. 월가에서 돈 버는 사람은 따로 있고 돈 잃는 사람도 정해져 있다. 지금 같은 금융위기에는 모든 사람이 돈을 잃었지만 그중에서도 덜잃은 사람이 있고 더 잃은 사람이 있다. 월가의 본래 목적을 고집해온 기업은 꾸준히 돈을 벌어왔고 지금도 벌고 있으며 앞으로도벌 것이다. 순수한 중개인들이 여기에 해당된다.

이들은 과도한 위험을 부담하기보다는 말 그대로 중개인으로서수수료만 챙긴 기업들은 30년 동안 큰돈을 번 적은 없지만 그렇다고 큰돈을 잃지도 않았다. 주식을 중개하건 채권을 중개하건 적은돈으로 꾸준히 사고파는 사람들을 연결해준 기업들은 지금의 위기도 잘 견뎌내고 있다.

지난 30년 동안 월가의 위험부담곡선은 월가에서 일하는 사람들에게 유리하게 기울어져 있었다. 자본주의의 상징인 월가의 주인은 기업의 주식을 소유한 주주들이었고 월가에 돈을 빌려준 채권자들은 철저하게 아웃사이더였다. 월가가 무엇을 어떻게 하는지도 모른 채 돈을 번다는 말만 듣고 채권자들은 돈을 빌려줬고 주주들은 주식을 사들였다. 그리고 월가는 모든 금융상품을 사들인 뒤 30년 동안 오른 주식, 채권, 부동산에서 수익의 일부를 떼어갔다. 내 돈은 한푼도 들이지 않고 남의 돈으로 도박해서 번 돈을 가져가는 장사가 세상에 또 어디 있을까?

결국 돈 잃는 쪽은 자금을 조달한 주주들과 채권자들이다. 일본 노무라증권은 만날 당하고도 또 투자해서 잃고 다시 투자하기를 반복했다. 일본 사람들은 자동차를 만들고 평면 TV를 만드는 재주는 뛰어나지만 금융상품으로 돈 버는 재주는 형편없다. 자동차 한 대 팔면 얼마나 남는지 모르지만 금융상품에 잘못 손대면 자동차 수십만 대 판 돈을 만져보지도 못하고 날리게 된다.

자기거래를 일삼는 투자은행들

지난 20년 동안 월가의 투자은행들은 자기 자본으로 수익을 올리는 소위 '자기거래(proprietary trading)'를 해왔다. 돈이 된다 싶으면 너도나도 그 분야에 대해 조금 아는 사람들을 데려다 수억 원의 월급을 주고 수익이 나면 거기서 10퍼센트 이상을 나눠줬다.

재미있는 것은 대부분의 투자은행들은 자기 돈으로 하는 투자에서 조금 벌어서 크게 잃었다. 주식의 풋옵션(Put Option : 주식을 일정 가격에 팔 수 있는 권리)이 항상 같은 가격 차이의 콜옵션(Call Option : 주식을 일정 가격에 살 수 있는 권리)보다 더 높은 가격에 거래되는 것과 같은 이치다.

평소에는 1년에 100억 원을 벌다가 한 달에 수천억 원씩 잃는다. 그 이유는 월가의 잘못된 이익 분배 구조에 있다. 최고경영자들 역시 이들과 똑같은 마인드로 하루하루의 업무를 진행한다. 소수의 잘난 사람들이 자기 돈은 한푼도 들이지 않고 여러 사람이 모은 돈으로 도박하는 잘못된 관행은 자본주의의 치명적인 약점이다.

경제학자들은 장기적인 관점에서 볼 때 이번 금융위기에 대한 정부의 개입이 시장경제에 악영향을 미칠 거라고 주장하지만 이는 잘못된 생각이다. 인간은 경험으로 살아가고 과거의 불편하고 힘든 기억은 되도록 빨리 잊고 싶어한다. 우리 모두는 30년대 대공황을 경험하지 못했다. 여러 차례에 걸친 주식시장 붕괴로 돈을 잃고도 또 월가에 돈을 빌려줬다. 이제 게임을 끝낼 때가 됐다.

신용평가사의 무책임한 신용등급

월가 때문에 돈을 번 회사는 스탠더드앤드푸어스(S&P), 무디스(Moody's Corporation), 피치(Fitch) 등의 신용평가사들이다. 잘 모르는 사람들은 이들이 대단한 회사인 줄 알고 있다. 가만 생각해보면 그럴 만도 하다. 갑이라는 회사가 있는데 낯선 나라의 을이라는 회사 채권을 산다고 하자. 갑 입장에서는 채권을 사긴 사야겠는데 안전성을 확인할 방법이 없다. 낯선 회사에 가서 장부조사를 할 수도 없는 노릇이니 공신력 있는 기관의 추천이 절대적으로 필요하다.

신용평가사는 기업의 신용을 평가하고 적절한 수익을 챙기는 공생(共生)보다는 기업에 해를 입히는 기생(寄生)에 가까운 일을 했다. 이들이 그 많은 CDO와 서브프라임을 비롯한 각종 모기지 채권에 AAA 등급을 매긴 장본인이다.

신용평가사가 어떻게 모기지 채권에 AAA 등급을 매기는지 지금부터 살펴보자.

채권에서 가장 중요한 것은 원금과 이자다. 매월 초 투자은행은 수조 원에 이르는 5,000개 이상의 모기지를 신용평가사에 보낸다. 각각의 모기지는 집주인의 신용도와 소득, 매입 당시의 집값, 납입한 대출금 액수, 이자율 등의 많은 자료를 갖고 있다. 신용평가사는 그 자료들을 토대로 로스모델(loss model : 원금을 잃는 확률에 관한 모델)을 만든다.

신용평가사들은 로스모델을 근거로 모기지 채권을 AAA, AA, A, BBB, BB, B의 등급으로 나눈다. 예를 들면 90퍼센트는 AAA, 5퍼센트는 AA, 2퍼센트는 A, 기타 등등을 합해서 100퍼센트를 만든다. 물론 투자은행은 사전에 미리 모기지 채권의 등급을 알고 이리저리 계산해서 내보낸다. 기관투자자들은 신용평가사의 평가 등급을 기준으로 하여 채권을 사는데 등급이 낮을수록 가격이 싸거나 이자율이 높다.

CDO도 같은 방식이다. AAA 등급 CDO는 대부분 액면가가 100달러에 거래가 역시 100달러다. 이자는 1개월 리보금리에 0.2퍼센트를 더한 것이다. 2008년 12월 말 현재 1개월 리보금리는 1퍼센트가 채 안 되니 1퍼센트가 조금 넘는 이자다. 그런 AAA 등급 CDO는 지금 20달러, 30달러, 40달러 수준에서 전전긍긍하고 있다. 2년 동안 100억 원을 투자했다면 80억 원은 쉽게 날아갔다. 회사채나 국채는 조금 다른 방법으로 등급을 매기지만 원리는 같다.

신용평가사들은 기관투자자와 월가 사이의 다리 역할을 했다. 월가에서 돈을 빌리려면 신용평가사에 수수료를 내고 신용등급을 받아야 하는데 사실상 신용평가사의 신용등급은 무의미하다.

이번 금융위기는 신용평가사가 얼마나 무책임하게 채권을 평가했는지를 보여준다. 모기지 채권에 AAA 등급을 많이 매길수록 기관투자자들은 고가의 모기지를 낮은 이자를 받고 발행할 수 있어 돈을 빌리는 회사도 좋고 수수료를 얻는 월가도 좋다. 기관투자자들은 그나마 적은 이자라도 챙기기 위해 엄청난 위험을 감수하며 신용평가사가 평가한 AAA 등급 채권을 믿고 산다. 한쪽에서는 무책임하게 등급을 매기고 다른 한쪽에서는 목숨을 걸고 베팅하니 잘못돼도 한참 잘못됐다.

신용평가사들은 자신들이 매긴 등급 아래 항상 작은 글씨로 이로 인해 무언가 잘못되더라도 자신들은 책임이 없다는 문구를 써넣는다. 이런 무책임한 모기지 채권시장은 시작에 불과하며 뒤이어 기업과 개인이 도산할 것이다.

채권은 사라지고
고물만이 남았다

50년대에 성공한 한국의 어떤 사업가가 이런 말을 했다. 6·25 전쟁이 끝나고 뭔가 할 일이 없나 해서 남산에 올라갔더니 돈 덩어리가 보였다고 한다. 그 사업가가 본 것은 다름 아닌 고철덩어리였다. 전쟁 통에 버려진 전차와 망가진 자동차는 주워가는 사람이 임자였다. 그는 이 고물들을 다시 제철한 뒤 팔아서 많은 이윤을 남겼다. 이런 기회를 잡은 사람은 극히 소수에 불과했다. 그는 60년대 초 한국에서 벤츠를 타고 다녔으며 자녀들을 미국에 유학 보냈다.

지금의 금융 난리 통에도 많은 고물들이 돌아다닌다. 그러나 아무에게나 보이는 쓰레기는 고물이 아니다.

미리 말해두지만, 지금과 같은 상황에서 주식은 고물이 아니라 종잇조각이다. 고물은 잘 고치면 쓸모가 있지만 종잇조각은 코를 풀거나 화장실에서밖에 사용할 수 없다. 주식은 근본적인 돈의 흐름이 없고 그저 누군가가 나보다 비싸게 사주길 바라는 거대한 다단계상품이다.

현금을 야금야금 까먹는 회사들

채권은 크게 국채, 회사채, 모기지 채권의 세 가지로 나뉜다. 지금까지 나는 국채와 모기지 채권을 전문적으로 다뤄왔기에 회사채에 대해서는 문외한이나 다름없다. 회사채는 유명한 신용평가사 스탠더드앤드푸어스와 무디스가 평가한 신용등급에 준하는지를 비교 분석하는 것이 가장 중요하다. 최근에 회사채를 분석할 기회가 많았다. 회사채 분석은 결국 이 회사의 수입이 얼마나 되는지, 빚은 얼마나 되고 어느 정도 갚았는지, 부도가 날 경우 원금을 받을 수 있는 우선순위는 어떻게 되는지, 채권 자체에 담보가 잡혀 있는지 등을 자세히 살펴봐야 한다.

그런데 요즘 회사들은 좀 복잡한 게 아니다. 미국은 일 년에 한 번씩 '10K'란 보고서를 내고, 각 분기마다 '10Q'를 작성하고, 채권을 발행하거나 주식을 발행할 때마다 '8K'란 보고서를 제출한다 (10K, 10Q, 8K는 기업에서 자금의 출처가 생기거나 중요한 일이 있을 때 미국 증권거래위원회에 보고하는 양식을 말한다). 이 보고서들이 매우 복잡하고 방대해 한 회사를 분석하는 데 엄청난 시간이 소요된다.

그런데 회사들의 재무제표를 들여다볼수록 앞날이 보이지 않아 암울해진다. 빚진 것은 많은데 서서히 만기가 다가오고, 이것저것

벌여놓긴 했지만 불황에 잘될 리 만무하며, 가지고 있는 현금도 많지 않다. CEO는 월급에 보너스까지 꼬박꼬박 챙기고 주식은 계속 하향세. 특히 생명공학이나 자원개발, 신기술투자 같은 도박성이 짙은 분야는 벌어오는 것은 한푼도 없고 주식시장이 호황일 때 들어온 현금을 야금야금 까먹는 회사들이 대부분이다.

한참 철, 구리 등 원자재 가격이 폭발적으로 상승할 때는 주식을 팔아 모은 돈으로 남미의 이상한 나라에 광산을 사서 개발 중인 회사가 한두 군데가 아니었다. 하지만 지금은 원자재 가격이 형편없이 떨어진 마당에 그런 광산을 개발할 리 없고, 설사 개발한다 해도 수지타산이 맞지 않아 결국 도산할 것이다.

잘 고르면 고물 채권도 큰돈 된다

2007년 중반부터 모기지 채권의 부실로 부동산 가격이 떨어지고 그를 뒷받침하는 채권들이 고물로 전락했다. 2009년부터는 본격적으로 상업 모기지와 회사채가 부도날 것이다. 개인이 돈을 쓰지 않는데 무슨 수로 기업이 수익을 내며 쇼핑센터가 임대료를 내겠는가? 살아가는 데 꼭 필요한 식료품을 제외하고는 소비를 하지 않을 것이다. 앞으로 고물 채권들이 금융 거래의 주를 이룰 것이므로 제대로 분석하고 잘 고르면 좋은 수익을 올릴 수 있다.

1997년 아시아 금융위기 때 리먼브라더스에서 큰돈을 번 한국인 트레이더가 있다. 당시 태국과 인도네시아는 자국 은행들이 발행한 채권을 내팽개치는 바람에 채권 가격이 형편없이 떨어졌다. 액면가 100달러짜리 채권이 10달러, 20달러에 거래됐다. 이런 고물 채권이 모두 쓸모없는 것은 아니었다. 태국과 인도네시아의 은행 채권 중에는 확실한 담보를 갖고 있거나 정부에서 보증한 채권도 있었다. 그런 채권은 당장은 어렵더라도 경기가 회복되면 이자를 지급하고 원금도 줄 것이다.

그 한국인 트레이더는 아시아 외환위기가 일어나기 전부터 태국과 인도네시아 은행 채권을 거래해왔기에 어떤 것이 알짜이고 어떤 것이 고물인지를 잘 알았다. 그는 이들 채권을 10달러, 20달러에 사서 묵혀뒀다가 50달러, 60달러에 팔아 많은 돈을 벌었다. 그후 이 사람은 높은 자리로 승진했지만 안타깝게도 일주일 후 리먼브라더스는 산산조각이 났다.

시한폭탄이 돼버린 모기지 채권

모기지 채권도 고물이 많다. 애석하게도 어떤 고물이 좋고 나쁜지는 그 바닥에서 놀아본 사람만이 알 수 있다. 주식처럼 일반인들이 기업의 재무제표나 애널리스트들이 작성한 보고서를 보고 판단할 수 없다.

특히 고물 모기지 채권은 복잡한 통계분석과 확률 계산을 요한다. 그 많은 집들 중에 누가, 얼마만큼, 얼마동안 이자를 내며 원금을 갚을 것인지를 분석하는 것은 결코 쉬운 일이 아니다. 모기지를 빌린 사람의 현재 재무 상태와 앞으로의 집값 전망(물론 하향세지만 얼마나 더 하락할 것인가)을 분석해 지금 얼마를 주고 사면 3~5년 후 얼마만큼의 이자 내지 원금 회수가 가능한지를 예측해야 한다. 이 것이 말처럼 쉽지가 않다.

모기지 채권 구매자들이 이 부분을 간과한 나머지 전세계적으로 1,000조 원에 이르는 손실이 났다. 여기서 1,000조 원은 2007년 중반부터 2008년 말까지의 손실액이며 2009년부터 시작될 회사채 손실과 더욱 악화될 모기지 채권의 손실을 감안하면 그 액수는 두세 배 이상 늘어날 것이다.

헤지펀드의 붕괴도 무시할 수 없다. 중국에서 어린아이들이 먹는 우유에 열심히 멜라민을 넣을 때 미국에서는 헤지펀드에 나쁜 짓을 했다. 물론 중국의 모든 분유공장이 그렇다는 말은 아니다. 미국의 헤지펀드들은 독극물성 금융상품을 개발하고 많은 레버리지를 했는데, 2007년과 2008년은 그런대로 잘 버텼지만 2009년은 쉽지 않을 것이다. 절반 이상의 헤지펀드가 도산할 것이고, 그러면 또 수백조 원의 손실이 날 것이다.

2008년 12월에 터진 역사상 최대의 다단계 사기사건의 주인공인 메도프는 그의 헤지펀드에 돈을 맡긴 나이 지긋한 프랑스 신사의 자살을 불러왔다. 그 신사도 남의 돈을 빌려 메도프에게 맡겼는데 그 액수가 자그마치 1조 원이 넘는다고 한다. 남의 돈을 공중 분해시켰으니 살맛이 났겠는가. 재미있는 것은 정작 돈을 날린 메도프는 150년 징역형을 선고받기는 했지만 자살은커녕 여전히 숨쉬고 살고 있다는 것이다.

최고의 투자는 손실을 최소화하는 것

이처럼 얽히고설킨 돈 관계는 과거 30년 동안 순전히 신용에 의존해 수십조 원이 오갔던 거래 풍조 때문에 생겼다. 이로 인해 금을 비롯해 철, 아연, 구리, 부동산, 주식, 채권에 이르기까지 거의 모든 자산이 폭락에 폭락을 거듭할 것이다. 이것이 회복되려면 아마도 앞으로 수십 년이 걸릴 것이며 어쩌면 아예 회복되지 않을지도 모른다.

최고의 투자는 손실을 최소화하는 것이다. 모든 것이 손실 나는 마당에 무언가를 시작하는 것은 바보 같은 짓이다. 그렇다고 너도 나도 고물장사에 뛰어들 수도 없는 노릇이니 과거를 반성하고 지출을 줄이며 저축을 늘려야 한다.

자녀교육도 학원을 보내는 것보다는 부모가 직접 배워가며 가르쳐야 한다. 한 나라를 이끌어가는 인재는 전체 인구의 1~2퍼센트에 불과하다. 그 1~2퍼센트를 제대로 교육시키는 것은 부모가 해야 할 일이다. 그런데 한국의 부모들은 돈을 대주고 아이의 안전을 확인할 뿐 실제로 아이가 무엇을 배우고 어떤 생각을 하는지는 조금도 관심이 없다.

탈무드로 유명한 유대인들은 집안의 가장이 교육을 책임진다. 아버지의 엄한 가르침을 받고 자란 아이는 미래가 밝다. 그러나 아버지가 밖으로 도는 가정에서는 자기만 알고 남을 배려할 줄 모르는 아이가 나올 수밖에 없다.

앞으로 얼마만큼의 고물 채권이 나올지는 아무도 모른다. 고물 채권의 값은 그야말로 엿장수 마음에 달려 있으며, 장담컨대 형편 없는 수준으로 떨어질 것이다.

이제부터는 현금이 최고인 사회가 올 것이다. 개인과 개인, 기업과 기업 간의 신용이 무너진 마당에 다시 누군가를 믿고 돈을 맡긴다는 것 자체가 우스꽝스럽게 됐다.

MBA에 대한
환상이 불러온 것들

글을 시작하기에 앞서 확실히 해두고 싶은 점이 있다. 이번에 다룰 내용과 관련해 특정 단체가 잘못됐다는 것이지 구성원 개개인까지 잘못됐다는 의미는 아니다. 개인적으로 여러 친구와 선후배가 MBA를 마쳤고 개중에는 존경하는 분들도 있다. 나는 다만 MBA 과정의 취지에 문제가 있다고 생각할 뿐이니 혹시라도 오해 없기를 바란다.

학부생보다 못한 MBA 수강생의 실력

MBA가 정확히 언제부터 시작되었는지는 모르겠다. 다만 80년대의 경제 성장 붐에 힘입어 도입됐으며, 2년 동안 하는 일 없이 놀다가 졸업하면 연봉이 몇 천만 원씩 올랐다. MBA가 급격히 성장한 것은 80~90년대 금융 분야의 성공한 사람들과 경영자들이 모교에 많은 돈을 기부했기 때문이다. 그 돈으로 각 학교들은 건물을 짓고 교수를 채용했다. 너도나도 MBA 과정을 개설하고 한 학기당 모집인원을 늘렸다. 펜실베이니아대 와튼스쿨, 하버드대 MBA, 노스웨스턴대 켈로그스쿨 등의 주요 대학은 한 학년당 800명에서 1,000명가량 뽑는다.

내가 MBA 출신에게 좋지 않은 감정을 갖게 된 것은 대학교 3학년 때였다. 경영이나 마케팅 과목은 경험의 정도와 나이에 따라 보는 시각이 다르다 해서 수업을 따로 들었지만, 금융은 학부생이나 MBA 수강생이나 모르고 시작하기는 마찬가지여서 수업을 같이 들었다. 학기 첫날 첫 수업시간에 수염이 덥수룩하고 20대 후반에서 30대 초반 쯤으로 보이는 MBA 과정의 한 학생이 손을 번쩍 들며 표준편차가 뭐냐고 물었다. 교수가 그 질문에 대해 답변하는 데 10분 이상 걸렸다.

순간 화가 났다. 모르는 것을 질문한 것이 잘못됐다는 것이 아니라 당연히 알아야 할 것을 모르는 것이 황당했다. 게다가 물어볼 것을 물어봤다는 듯한 당당한 그의 태도가 불쾌했다. 마치 중학교 1학년생이 수업시간에 구구단이 뭐냐고 묻는 것과 같았다. 당시 학부 학생들은 대부분 비슷한 수준이었고 또 모두들 공부를 열심히 해서 그런 황당한 질문은 창피해서도 못 했다. 도저히 모르겠으면 수업이 끝나고 개인적으로 교수를 찾아가서 물어봤다.

월가를 망친 MBA들

　1980년에 시작돼 2000년대까지 계속된 세계적인 경제호황은 실력도 없는 사람에게 2년 동안 MBA를 했다는 이유로 억대의 연봉을 선물했다. 사람들은 억대의 연봉을 받기 위해 너도나도 MBA를 받으려 했다. 여기서 잘 생각해보자. 열심히 공부해 학부를 마치고 취직해서 일 잘하고 있는데 굳이 MBA 학위가 필요할까? MBA 과정에서 아무도 모르는 비장의 지식을 가르쳐주는 것은 아니다.

　원래 MBA는 학부를 마친 뒤 하는 일이 적성에 맞지 않거나 잘 안 풀릴 때, 혹은 돈을 좀 더 많이 벌고 싶거나 직업을 바꾸고 싶을 때 수강하는 과정이다. 물론 와튼스쿨의 한 학년 정원 800명 중 약 10퍼센트는 아이비리그에서 학부를 마친 똑똑한 사람들이다. 나머지 720명은 어떻게 해서든 졸업해서 이제까지 투자한 학비의 배 이상 되는 연봉을 벌려고 한다. 학부에서 제대로 교육받은 사람은 굳이 많은 학비를 내고 MBA에 들어가야 할 이유가 없다. 특히 지금처럼 경기가 좋지 않을 때는 더욱 그렇다. 지난 30년간 MBA를 마친 많은 사람이 기업의 CEO가 돼 주가를 올리고 자신의 잇속을 챙긴 대가를 치러야 한다.

　AIG가 파산 직전에 이르고 정부가 수백조 원을 투입한 그 다음 주에 AIG 경영진은 경치 좋은 곳으로 수련회를 가서 2,000만 원이 넘는 마사지를 받았다고 한다. 이 사실을 알고 미 의회가 발끈해 비난했지만 그들은 꿈쩍도 하지 않았다. 오히려 2~3주 후에 2,000만 원짜리 마사지를 받은 경영진에게 적게는 수억 원에서 많게는 수십억 원까지 보너스를 줬다고 한다. 이유인즉슨, 회사 사정을 잘 아는 경영진이 떠나면 경영이 불가능하다는 것이다. 이들은 모두 MBA를 마친 소위 엘리트들이다. 회사 경영이 잘못돼 수백조 원을 잃은 것은 시대의 탓이요 재수 없음 탓이고 나는 먹고 살아야 하므로 받을 건 받아야 한다는 논리다. 언제부터 이런 세상이 되었는지 모르겠다. 남이야 어떻게 되든 나만 잘 먹고 잘 살면 그만이라는 것이 경영하는 사람들의 기본자세인가.

정작 MBA 학위가 필요한 사람

월가가 몰락하면서 MBA도 끝났다고 해도 과언이 아니다. CEO들이 주가의 오르내림에 따라 보상을 받는 제도도 조만간 폐지될 것이다. 무분별한 위험부담은 사회 차원에서 근절돼야 하고 MBA 과정도 대대적인 혁신이 필요하다.

10년 전부터 몇몇 뜻있는 교수들 사이에서 MBA 과정에 관한 쇄신책이 계속 논의되고 있다. 돈을 가장 효율적으로 많이 버는 법, 마케팅을 잘해서 많이 파는 법 같은 잘 먹고 잘 사는 방법을 가르치기보다는 비즈니스하는 사람의 윤리나 마음자세를 전수해야 한다는 것이다.

이런 주장에 대해 각 대학 MBA는 들은 척도 하지 않았다. 그들은 오직 동문이 돈을 많이 벌어 기부를 많이 하면, 그 돈으로 우수한 학생들을 유치해 사회에서 큰돈을 벌게 하는 것이 목표였다.

그러나 원래 미국 교육의 취지는 이것이 아니다. 돈보다는 순수하게 자신이 관심 있는 분야를 열정적으로 파고들어 성취감을 얻기를 원했다.

빌 게이츠가 돈을 벌려고 마이크로소프트를 만들었을까? 그는 컴퓨터를 좋아했으며, 그것이 인간의 생활을 바꾸고 생산성을 올릴 수 있다고 생각해 하버드대도 그만두고 회사를 세운 것이지 절대 돈이 목적은 아니었다. 한국에서는 좋은 대학을 다니다 그만두고 자기 사업을 하겠다고 나서면 주위에서 미쳤다고 하겠지만, 미국이란 나라는 자기가 하고 싶은 일을 하도록 내버려둔다.

MBA 과정은 본래의 목적에 충실해야 한다. 개인적으로 학생을 선발할 때 처음부터 금융, 경영, 마케팅 등 전공 분야별로 뽑는 것을 추천하고 싶다. 처음에는 무작위로 뽑았다가 나중에 전공을 선택하게 하는 방법은 MBA의 발전에 도움이 되지 않는다.

앞으로는 돈을 많이 벌겠다는 사람보다는 남을 위해 봉사할 사람이 MBA를 가야 한다. 아프리카 난민을 구제해줄 사람, 아마존 강 주변에 먹을 물이 없어 고생하는 원주민들에게 샘을 파서 식수를 공급해줄 사람이 MBA를 마쳐야 한다. AIG나 엔론의 경영진처럼 무책임한 사람들은 경영에 참여하지 못하게 해야 한다.

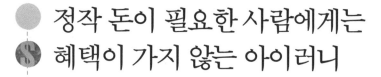

정작 돈이 필요한 사람에게는
혜택이 가지 않는 아이러니

전쟁에서 경제회복의 토대를 마련하다

모택동이 시장경제를 받아들인 지 30주년을 맞이한 중국은 2008년 말 현재 세계 4위의 경제대국으로 성장했으며 지속적으로 공기업의 민영화를 추진하고 있다. 아이러니하게도, 지난 100년 동안 자본주의의 정점에 자리하며 세계 최고의 경제대국으로 성장한 미국은 정부에서 막대한 자금을 투자해 기업들의 국유화를 시도하고 있다. 오늘날 중국이 세계 4위의 경제대국으로 성장한 배경에는 미국과 유럽의 힘이 컸다. 미국과 유럽 각국에서 물건을 사주지 않았다면 중국은 지금의 위치에 이르지 못했을 것이다. 이른바 '차이나메리카(Chinamerica)'라는 말이 생길 정도로 미국과 중국은 밀접한 관계를 유지하고 있다.

이번 금융위기가 전세계적인 공황으로 확대되는 것을 막기 위해 각국 중앙은행과 정부는 여러 가지 방안을 모색하며 엄청난 돈을 풀겠다고 나섰다. 30년대의 대공황에 대해 누구보다 많이 알고 공부한 버냉키 연방준비제도이사회 의장은 공황으로 가는 것을 막기 위해 연방준비은행의 창고를 활짝 열고 돈을 풀기 시작했다. 30년대에 미국이 대공황에서 벗어날 수 있었던 돌파구는 제2차 세계대전이었다. 제2차 세계대전에 쓸 군수물자를 생산하면서 미국 경제가 살아나기 시작했다.

제2차 세계대전에서 패한 일본은 6·25전쟁으로 군수물자를 공급하게 되면서 돌파구를 찾았으며, 한국은 베트남전으로 경제 회생의 발판을 마련했다. 미국, 일본, 한국의 사례에서 어떤 상관관계가 보이지 않은가? 제2차 세계대전에서 가장 많이 싸운 미국, 일본, 독일은 세계 3대 경제대국이 됐다. 이들은 전쟁에서 이기기 위해 총력을 기울였으며 그 결과 기술과 생산력이 향상됐다.

대표적 시장주의자인 밀턴 프리드먼(Milton Friedman) 전 시카고대 교수는 50년대 이후 정부의 간섭이 경제발전을 저해한다고 주장했으며, 80년대에 접어들어 연방준비제도이사회 전 의장 그린스펀과 레이건 대통령 시절 국무장관 조지 슐츠(George Schultz)는 공기업의 민영화를 추진했다. 마이클 잭슨의 노래 "We are the world" (우리는 하나가 아니라 미국이 곧 전세계라는 해석이 더 옳다)에 힘입어 미국은 자본주의를 장악했다. 근본적인 돈의 흐름이 없는 다단계 상품인 주식을 만들어 인간의 탐욕을 부추겼고 급기야는 모든 것이 무너지게 됐다.

밑 빠진 독에 물 붓는 정책들

경제학자들은 끊임없이 화폐정책과 재정정책을 연구했다. 전자는 중앙은행, 후자는 정부가 여러 가지 경제 변수를 조절하는 방법이다. 안타깝게도 이번 금융위기에 각국 중앙은행과 정부는 화폐정책과 재정정책을 효과적으로 활용하지 못했다.

그동안 세계 각국은 정부와 중앙은행의 고위관료들이 대부분 미국에서 공부한 덕분에 자본주의 경제학을 받아들여 왔다. 하지만 이제까지 미국에서 배운 경제학을 따랐다고 해서 앞으로도 계속 따르는 것은 아니다. 과거 해법이 계속 먹힐 것이라는 보장이 어디에도 없다. 수학 같은 순수과학과는 달리 사회과학은 주관을 요하는 학문이다. 또한 사회과학은 실험을 할 수 없다. 잘못된 정책이 몇 년 후 감당하지 못할 파급효과를 몰고 올 수 있다.

1997년 아시아 금융위기 당시 말레이시아의 마하티르 총리는 국제통화기금(IMF)의 도움을 거절하고 극약처방으로 위기를 극복했다. 그가 사용한 방법은 어떤 경제학 책에도 나와 있지 않은 정책으로 미국에서 공부한 사람은 도저히 생각할 수 없는 것이었다. 그는 말레이시아 통화 링기트(ringgit)를 달러에 고정시켰으며 자본시장을 강력하게 단속했다. 당연히 IMF에서는 결사적으로 반대했지만 나는 말레이시아가 현명하게 대처했다고 생각한다. 자본시장을 강력히 규제한 것은 죽은 프리드먼이 벌떡 일어나 반대할 일이지만 지금처럼 금융시장이 붕괴된 때에는 가장 현명한 정책이다.

미국을 비롯한 많은 나라의 정부는 밑 빠진 독에 열심히 물을 붓고 있다. 화폐정책과 재정정책은 공기업의 민영화로 더이상 효과를 보기가 힘들어졌다. 프리드먼이 말한 "Fool in the shower."은 그가 한 말 가운데 최고의 표현이다. 프리드먼은 정부의 개입이 화폐정책과 재정정책에 악영향을 미친다는 점을 샤워기의 물에 비유했다. 샤워하는 도중에 물이 너무 뜨거워 냉수 쪽으로 레버를 돌리면 너무 차가워지고, 반대로 물이 너무 차가워 온수 쪽으로 레버를 돌리면 너무 뜨거워진다는 것이다.

프리드먼의 주장은 옳았다. 60~70년대에는 정부의 규제가 심하고 공기업이 많아 이런 정책이 효과가 있었지만 지금은 다르다. 많은 공기업들이 민영화되었으며 과거에 비해 정부의 역할이 크게 줄었다. 실물경제와 정부의 연결고리가 이미 끊어진 것이다. 예전에는 중앙은행에서 돈을 풀면 개인들에게까지 골고루 효과가 나타났다. 하지만 지금은 민간 기업들만이 혜택을 받아 이윤 극대화를 위해 노력할 뿐 일반 소비자들에게 돈을 풀지 않는다. 이유는 특별한 규제가 없기 때문이다.

자금흐름은 엄격하게 관리해야

2008년 12월 말 미 연방준비제도이사회가 기준금리를 0.25퍼센트로 내리고 모기지 채권을 사겠다고 선언했다. 모기지 채권을 사들이려면 연방준비은행의 금고가 꽉 차 있어야 한다. 이는 시중은행이 고객이 예금한 돈의 일부를 중앙은행에 맡겨놓았는데 그 돈이 일시적으로 증가했다는 의미로, 통화창출(money creation)이라 한다. 쉽게 말하면 중앙은행이 새로 돈을 만들어낸 것이다. 그러나 시중은행은 그 돈으로 국채를 사서 가지고 있을 뿐 소비자에게 빌려주지 않았다. 정부에서 강력히 규제한다면 어쩔 수 없이 하겠지만 은행 입장에서는 전혀 이익이 되지 않는다. 미 연방준비은행의 부실한 융자와 부실채권의 매입은 결국 시중은행의 배만 채워줬다.

게다가 금리가 떨어진 틈을 노려 새로 융자를 얻을 수 있는 사람은 매우 한정되어 있다. 소위 수입원이 든든하고 신용이 우수하며 자산이 많은 사람들이다. 그런데 이런 사람들은 금리가 오르더라도 얼마든지 융자금을 갚을 수 있다. 은행들은 정작 저금리의 융자금이 필요한 사람들에게는 돈을 빌려주지 않는다. 설사 저금리로 융자를 얻어 돈을 절약했더라도 그 돈을 쓰지 않고 갖고 있을 사람은 많지 않다.

저축은 투자를 촉진하고 소비를 유도하지만, 이것 역시 현대 경제학의 이론일 뿐 지금 같은 금융위기에서는 효과가 나타나지 않을 수 있다. 저축한 사람들이 불안해서 돈을 가지고 있을 뿐 투자하거나 소비하지 않는 것이다. 그렇게 되면 '낙수효과(trickle-down effect : 위에서 푼 돈이 투자를 일으키고, 그 투자로 인해 고용이 창출되며, 임금을 받은 사람들이 다시 그 돈을 소비하여 경제를 움직인다는 이론)'는 일어나지 않게 된다.

일본은 지난 20년 동안 위에서 설명한 상황을 경험했다. 일본 중앙은행은 금리를 제로 수준으로 낮췄지만 경제는 회복될 기미를 보이지 않았다. 시중은행들은 돈을 금고에 쌓아두고 풀지 않았다.

미국은 일본 같은 실수를 반복하지 않을 거라고 말하지만 장담할
수 없다. 미국 정부는 금리를 0.25퍼센트로 낮추기보다는 30년대
대공황 때처럼 정부가 직접 개인에게 주택을 구입해줘야 한다. 현
재는 정작 돈이 필요한 서민보다는 원래부터 잘 먹고 잘 사는 사람
들에게 돈을 퍼주고 있다. 이번 사태는 전세계가 매우 복잡하게 얽
히고설킨 금융구조에 연관되어 있는 만큼 각국의 중앙은행과 정
부 당국의 신중한 조치가 필요하다.

　나의 소견으로 각국 중앙은행은 1997년의 말레이시아처럼 돈을
풀기보다는 자금흐름을 엄격히 관리해야 한다. 비뚤어진 아들은
엄하게 타일러서 제대로 가르칠 필요가 있다.

4장

현명한 투자자라면
과거부터 살펴라

THE TRUTH ABOUT MONEY

혹자는 기술이 발달하고 세상이 좋아졌으며 무엇보다 정부가 강해졌으니 예상외로 빨리 회복될 거라 말하지만 내 생각은 다르다. 세상은 좋아졌지만 훨씬 복잡해졌고, 기술이 발달했지만 아무도 물건을 사지 않으며, 정부가 강해졌지만 사유화로 정부 정책이 별다른 효과를 얻지 못할 것이다.

파란만장한 미국 주식시장의 100년 역사

다우존스지수 탄생과 투기의 시대

다우존스지수는 1896년 5월 말 처음 발표됐다. 당시에는 대기업 12군데의 주가를 더해 12로 나누어 지수를 산출했다. 개장 첫날 주가지수가 40포인트 수준에서 마감됐으며 주가는 1달러보다 조금 높았다. 그해 여름 다우지수는 29포인트 이하로 떨어졌으며 1914년에는 제1차 세계대전이 발발하자 주가 폭락을 우려해 4개월 동안 주식시장을 폐장했다. 1928년 참여하는 기업이 30개로 늘어나면서 그해 다우지수는 300포인트로 마감됐다. 다우지수가 만들어지고 30년 만에 9.5배가 뛴 1929년 9월에는 381포인트로 최고치를 기록했다.

1920년대는 투기의 시대였다. 석유산업이 발달하고 전기, 기차,

자동차 등이 본격적으로 상업적으로 사용되면서 자본이 풍부했다. 가만히 앉아 있어도 저절로 돈이 들어오고 크게 한탕하면 평생 먹고살 수 있는 돈을 벌었다. 부동산 가격은 미친 듯 오르고 은행들은 돈을 쉽게 빌려줬으며 사람들은 사치에 빠졌다. 똑똑한 경제학자 어빙 피셔(Irving Fisher)는 1929년 말 주가가 폭락하기 전에 "주식은 영원히 높은 가격에 있을 것"이라는 발언을 해 화제를 모았다. 그리고 몇 년 후 그는 폭삭 망했다.

1930년 말 주가는 165포인트로 떨어져 반토막 났으며 사람들은 이런 기회는 다시 오지 않는다며 열심히 주식을 사 모았다. 하지만 2년 후 주가는 다시 60포인트로 떨어졌다. 1929년 최고치를 기록한 381포인트에서 20퍼센트도 채 안 되는 60포인트로 떨어지기까지 4년이 걸렸다. 40포인트에서 시작해 30년 만에 9.5배가 오르더니 4년 만에 다시 이전 수준으로 떨어진 것이다.

1920년대에는 미국 전역에 돌아다니는 돈만큼 주식을 샀다 해도 과언이 아닐 만큼 많은 사람들이 투기를 했다. 1929년 다우지수가 최고치를 기록했을 때 주가수익비율(PER ; Price-Earning Ratio)은 32.6배였다. 이때가 역사상 주식이 가장 비쌌다. 1932년 다우지수가 381포인트에서 60포인트로 떨어지기 전처럼 기업들이 수익을 올렸다면 PER는 7배가 되었을 것이다. 하지만 1932년 기업들은 1929년에 비해 돈을 못 벌었으므로 PER는 5배가 아니었을까 조심스레 추측해본다.

사실 PER를 보고 주식이 비싸다 혹은 싸다고 판단하는 것은 위험하다. 2008년 초 많은 투자전략가들이 2007년에 비해 PER가 낮으니 주식이 저평가되었다며 지금이야말로 투자의 적기라고 주장했는데 결과는 어떤가? 2008년 말 코스피지수는 2000포인트에서 1000포인트 수준으로 떨어져 그야말로 반토막이 났다.

대공황의 종결과 성장의 시련 시대

1930년대 주가는 오르락내리락하기를 반복했다. 1939년 제2차 세계대전이 발발하면서 대공황이 막을 내리기 전까지 투기가 계속됐다. 주가는 1936년 180포인트까지 올라갔다가 다음해 121포인트로 떨어졌고, 1939년 다시 150포인트가 되었으며, 1941년에는 111포인트로 폭락했다. 당시 사람들은 주식이 뭔지도 제대로 몰랐다. 대다수 사람들이 먹고살기에 급급한 나머지 투자는 꿈도 꾸지 못했으며 투기를 하는 사람은 그야말로 극소수에 불과했다. 은퇴를 대비해 미리 자금을 마련해놓는 건 상상조차 할 수 없었으며 당장 눈앞에 닥친 전쟁의 승패가 화두가 되었다.

다우지수가 본격적으로 상승 궤도에 진입한 것은 미국이 제2차 세계대전에서 승리한 후였다. 1950년대에는 제2차 세계대전의 승리와 한국전쟁으로 군수물자를 생산하면서 미국 경제는 성장을 거듭했으며 주식시장 역시 꾸준히 상승했다. 1960년대 역시 미국 경제는 좋았다. 아마도 미국이 가장 살기 좋은 시절이었을 것이다. 자동차 가격과 집값이 저렴한 데 비해 임금은 높아 사람들은 노동을 신성시하며 열심히 일했다.

1970년대는 베트남 전쟁과 유가 파동, 그리고 1960년대 급성장의 여파로 미국 주식시장은 정체 상태에 머물렀다. 1970년대 말에는 미국이 처음으로 인플레이션과 경기침체가 동시에 나타나는 스태그플레이션(stagflation)을 겪었다. 1981년 미국의 인플레이션 지수는 13.5퍼센트를 기록했다. 2009년 초 현재 미국의 인플레이션 지수가 2~3퍼센트라고 하니 당시 인플레이션이 얼마나 심각했는지를 알 수 있다.

그 시절 연방준비제도이사회 의장을 지낸 폴 볼커(Paul Adolph Volcker)는 인플레이션을 막기 위해 극약 처방을 내렸다. 단기금리를 1979년 11.2퍼센트에서 1981년 20퍼센트로 올린 것이다. 당연히 경기는 추락했으며 경제는 불황의 늪에 빠졌다. 기준금리가 그렇게 높은데 누가 돈을 빌려 장사를 하겠는가? 1980년에 이르러서야 인플레이션이 한풀 꺾였고 인플레이션 지수는 3.2퍼센트로 떨어졌다.

공급경제학과 소비주의 대두

1980년대 초에 생겨난 경제학파가 이른바 공급경제학(supply-side economics)이다. 이들은 경제를 안정시키려면 정부가 소득세율을 낮춰 사람들이 다시 돈을 쓰고 기업이 물건을 만들도록 장려해야 한다고 주장했다. 공급경제학을 자세히 분석해보면 모순적인 면이 많지만 25년 전에는 별 문제 없이 받아들여졌다. 공급경제학의 선구자이자 오늘날 금융시장 파탄의 주범인 앨런 그린스펀과 밀턴 프리드먼은 당시 레이건 대통령의 강력한 지지를 바탕으로 미국을 소비의 도가니에 빠뜨렸다.

이러한 1980년대 미국의 소비정책을 가장 먼저 계승받은 나라가 일본이다. 1980년대 일본은 부동산 가격과 주가가 하늘 높은 줄 모르고 치솟았다. 그야말로 자고 일어나면 돈이 불어났으며 전세계 부자들은 모두 일본에 있다고 해도 과언이 아니었다. 넘쳐나는 돈을 주체하지 못한 일본인들은 한국의 부산과 경주에 있는 기생관에도 자주 왔었다고 한다.

당시 일본 닛케이지수는 3만 8,957포인트까지 올라갔다. 2009년 초 현재 닛케이지수는 9,000포인트를 조금 넘어 그때의 25퍼센트도 채 안 된다. 미국인들과 마찬가지로 일본인들도 부동산을 담보로 돈을 빌려 흥청망청 써댔다. 일본은 아직도 그 후유증에서 벗어나지 못하고 있다.

1990년대 전세계 주식시장은 최고조에 달했다. 역사적으로 지난 10년처럼 시장에 많은 돈이 떠돌아다닌 적은 없었다. 1997년 아시아 금융위기가 일어났고 러시아가 국채에 대해 지급유예를 선언했으며 LTCM이 파산했지만 미국 주식시장은 꿈쩍하지 않았다. 채권시장은 잠깐 동안 파탄이 나서 모든 채권이 휴지조각으로 전락할 위기를 맞았지만 주식시장은 아무런 영향을 받지 않았다.

이처럼 미국 주식시장은 파란만장한 역사를 가졌다.

결론적으로 말해서, 주식시장은 규모가 훨씬 작아져야 한다. 그 자체로 수익이 창출되는 근본적인 약속이 없는 단순한 소유권을 많은 돈을 주고 산다는 것 자체가 이해되지 않는다. 집처럼 그 안에서 사는 즐거움을 주지도 않고 채권처럼 이자가 들어오지도 않으며 그저 남에게 더 비싼 가격에 팔기 위해 사는 이 이상한 금융 상품은 규모를 줄여서 강력한 규제 안에서만 거래하게 해야 한다.

과거 10년 수익률이
앞으로도 계속될까

주식시장의 이상과 현실

주식시장은 사람들의 꿈을 먹고사는 현실과 동떨어진 곳이다. 현실은 먹구름이 가득하지만 새 대통령이 나타나 멋진 얘기를 하면 한동안 주가지수가 올라간다. 1929년에서 1932년 사이에 주식시장은 80퍼센트 이상 폭락했으며 이후에도 침체 상태가 계속되었지만 미국이 제2차 세계대전에서 이기고 있다는 소식에 폭등했다.

다단계판매와 마찬가지로 주식시장은 사람들의 꿈과 희망으로 움직인다. 꿈과 희망을 품고 새로운 사람들이 투자하고 기존의 사람들이 수익을 얻을 때 주식시장은 계속된다.

그나마 채권시장은 현실적인 세상이다. 채권에 투자하는 사람들은 이자를 얻을 생각으로 가득하지 앞으로의 꿈과 희망에는 관심이 없다. 당장 이자를 받아야 하므로 지금 장사가 잘되는지가 중요하다. 나중에 회수할 원금을 생각한다면 앞으로의 시장 전망도 무시할 수 없다. 채권투자자들은 절대 허황된 약속에 속지 않는다. 그 이유는 채권시장에는 일반인보다 전문가가 많기 때문이다. 그렇다고 채권투자를 하는 모든 사람이 전문가는 아니다. 의사라고 다 병을 잘 고치는 것은 아닌 것과 같은 이치다.

따지고 보면 주식시장처럼 비논리적인 곳도 없다. 예를 들어, 갑이라는 회사가 경영 실패로 손해가 나서 주당 얼마를 잃었고 직원들을 해고했다고 하자. 한쪽에서는 이 회사가 돈을 잃었으며 앞으로 더 잃을 거라 생각해 주가를 떨어뜨린다. 다른 한쪽에서는 회사가 직원들을 해고하고 투자를 줄였으므로 다음 분기에는 주당순이익이 많아질 거라 판단하고 주가를 끌어올린다. 어느 쪽의 힘이 더 강한가에 따라 주가는 오르거나 내린다. 중앙은행이 기준금리를 내렸다고 하자. 한쪽에서는 금리를 내렸으니 경기가 활성화될 거라 생각하고 주가를 올리고, 다른 한쪽에서는 금리를 내렸다는 것은 경기가 나쁘다는 의미이며 앞으로 더욱 나빠질 거라 해석해 주가를 내린다.

나는 두 가지 경우 모두 주가가 내려가야 한다고 생각한다. 채권전문가인 나는 현재를 가장 중요하게 여긴다. 현재 돈을 잃었으면 회사 경영이 좋지 않은 것이고, 중앙은행이 금리를 내렸다면 현재의 경제 상태가 나쁜 것이다. 미래는 그때 가서 생각해도 늦지 않다.

주식시장에는 많은 기관투자자와 소위 말하는 큰손 투자자, 개미투자자가 참여한다. 그들은 저마다 다른 생각을 가지고 있으며 그중에는 터무니없는 것도 많다. 그러다보니 주식시장은 절대적으로 비논리적일 수밖에 없다. 그들의 비논리적 생각은 하루하루의 주가변동에서 많이 드러난다(하지만 주식시장의 큰 흐름은 기관투자자들이 형성하므로 장기적으로는 논리적으로 움직일 수 있다).

지난 10년간 주식시장은 두 차례에 걸쳐 큰 파동을 겪었다. 90년대 말에는 IT 붐으로 주식시장에 엄청난 돈이 몰렸다. 정보를 찾는 지식 잡화점에 불과한 인터넷에 왜 그렇게 많은 돈이 몰렸는지 나는 지금도 이해할 수 없다. 정말이지 인간은 이해할 수 없는 존재다. 친한 친구도 그때 IT 붐에 휩쓸려 전 재산을 날리고 많은 고생을 했다. 결국 IT 붐에서 돈 번 사람은 거품이 정점에 이르렀을 때 가지고 있는 주식을 모두 팔아 현금화한 사람이거나 중간에서 수수료를 떼먹는 투자은행밖에 없었으며 나머지는 모두 돈을 잃었다. 2003년 이후 5년 동안 돈을 번 사람도 도중에 주식을 판 사람이나 투자은행이었다.

주식의 시대는 계속될까

그렇다면 앞으로도 이와 같은 주식 투기의 붐이 계속될까?

나는 더 이상 주가가 오르지 않을 것이며 또 올라서도 안 된다고 생각한다. 30년대 초 80퍼센트 폭락한 주식시장은 40년대의 제2차 세계대전과 50년대의 한국전쟁, 베트남전쟁, 개인용 컴퓨터의 발명으로 꾸준히 성장했다. 60년대에는 컴퓨터 혁명으로 투기 붐이 일어 주가가 크게 올랐다. 70년대 초반에 시작된 불황으로 이후 10년 동안 주식시장은 정체 상태에 머물렀다. 80년대에는 글로벌화와 중국의 성장으로 주식시장이 커지며 투자의 황금기를 맞았다. 1980년 초 1,000포인트였던 다우지수는 30년 후 1만 3,000포인트로 크게 상승했다.

일본은 80년대 말 거품이 꺼지면서 이후 10년간 불황이 계속되었으며 중국이 등장해 일본의 빈자리를 채웠다. 그런데 이제 중국의 시대도 서서히 저물고 있다. 미국이 더 이상 중국의 물건을 사주지 않자 중국은 새로운 시장을 찾아 나섰다. 그러나 아프리카와 남미는 거대한 미국을 대신하기에는 턱없이 부족하다. 물건을 팔곳을 잃은 중국을 비롯해 전세계는 앞으로 수십 년간 현상 유지하기에도 버거울 것이다. 그동안 번 돈을 은행에 저축해둔 사람은 축복받을 것이고 여기저기 돈을 빌려 주식에 투자한 사람은 도망칠 궁리를 해야 할 것이다.

2006년 시중에 돈이 넘치고 주가가 한창 치솟을 때 미국 기업들은 은행에서 돈을 빌려 자기 주식을 사들였다. 자기 주식을 사들이면 주식의 가치가 높아져 주주들이 이익을 보게 되고, 현재 사업도 잘되고 은행 이자도 싸고 하니 빌린 돈을 갚는 데 큰 문제가 없다고 판단한 것이다. 이런 기업들은 2009년이나 2010년에 도산할 가능성이 매우 높다.

한편 주식을 추가로 발행해 모은 돈으로 빚을 갚은 회사들도 있는데 이들은 도산할 가능성이 희박하다. 대신 이런 회사의 주식을 산 개인투자자나 기관투자자들은 크게 손해를 볼 것이다. 주식을 통해 모은 돈으로 만기되는 채권을 갚아 눈앞에 불은 껐지만 사업이 안 됨에 따라 어느 시점에 가서는 주식도 추가 발행이 불가능해지고, 채권도 연기가 불가능해질 것이다. 그 상황에서 주식은 곤두박질칠 수밖에 없다.

주식시장에는 미래가 없다

이전 세대와 우리 세대는 후손에게 물려줄 유산을 마련해두지 못했다. 사람들은 갈수록 게을러져 진취적인 면을 찾아보기 힘들고 개인주의와 향락주의가 팽배하다. 이런 추세라면 다음 세대는 조금의 불편함도 참지 못하게 될 것이다. 앞으로 세상이 더 살기 좋아질 것이라는 공상은 일찌감치 버리는 게 좋다.

일례로, 자동차만 하더라도 스스로 운전하는 차나 혹은 날아다니는 차가 나오지 않는 한 더 이상 좋아지기 힘들다. 프린스턴대에서 물리학 박사학위를 받은 어느 한국인은 이제 과학도 막바지에 이르렀다고 말했다. 연구할 분야는 고갈되고 있는 반면 연구하는 사람은 늘어나 경쟁이 심하다고 한다. 80~90년대 과학이 한창 발전할 때 많은 이론이 나왔으며 이제 남은 것은 찌꺼기에 불과하다.

금융도 사정은 마찬가지다. 앞서 말한 것처럼, 앞으로는 고물장사를 제외하고는 획기적인 일거리를 찾기 힘들 것이다. 그동안 너무 많은 사람들이 과학과 금융 분야에 종사한 나머지 그중 50퍼센트는 일자리를 잃게 될지도 모른다. 어떤 면에서 자본주의는 스스로 몰락하게 될 것이다. 자본주의는 단지 많은 돈 때문에 공산주의를 이겼을지 몰라도 이제는 그 돈 때문에 몰락할 상황에 이르렀다.

70~80년대의 한국 사람들은 꿈과 희망을 품고 잘 살기 위해 열심히 공부하고 일했다. 그런데 지금은 돈맛을 알게 되고 약간의 지식을 얻게 되면서 편한 것만을 찾고 인간미 없는 사람으로 변해버렸다. 사람은 많이 배워도 얼마든지 나쁜 짓을 할 수 있다. 국제통화기금의 한 경제학자는 동구권에 다단계가 성행하는 이유로 교육의 부재와 국민의 무지를 꼽았다. 아이러니하게도, 전세계 교육 수준이 가장 높은 미국에서 역사상 가장 큰 규모의 다단계 사기사건이 터졌다. 지식과 인격은 무관하다.

그렇다고 우리의 미래가 비관적인 것만은 아니다. 올바른 사고와 마음가짐으로 가족을 위하고 사회에 봉사하며 회개하고 반성한다면 인간다운 삶을 누리게 될 것이다. 그러나 강조하건대 주식시장에는 미래가 없다.

왜 프로 투자자는
원숭이에게 질까

〈월스트리트저널_Wall Street Journal_〉 전면에 잘생긴 침팬지가 양복을 입고 환한 미소를 지으며 멋진 신사와 나란히 서 있다. 그리고 그 아래 "침팬지 펀드매니저, 30년 연속 유명 펀드매니저보다 높은 수익을 올리다!"라는 문구가 새겨져 있다. 그렇다면 어떻게 침팬지가 인간보다 더 높은 수익을 올린단 말인가?

방법은 의외로 간단하다. 매년 초, 동그라미 안에 다우지수 종목 30개를 똑같은 크기로 적어 넣은 뒤 침팬지에게 10개를 고르라고 지시한다. 다른 쪽에는 펀드매니저가 풍부한 지식과 많은 자료를 토대로 그해 가장 크게 오를 만한 종목 10개를 선택한다. 그런 다음 연말에 누가 더 많이 맞췄는지를 평가한다. 이 실험에서 30년 동안 침팬지가 이겼다는 것이다. 우스갯소리일 수도 있지만 이 이야기는 많은 것을 생각하게 한다.

주택시장의 채무 불능 사태

펀드매니저들은 다양한 경로로 정보를 수집한다. 독립된 기관에서 발행하는 주식 리서치 보고서와 투자은행에서 만든 보고서를 검토하는 것은 물론 자체적으로 분석가를 고용해 자료를 만들기도 한다. 또 직접 기업을 방문해 경영진과 대화를 나누며 일반인이 입수하기 힘든 정보를 캐내기도 한다.

수백조 원 규모의 펀드를 운영하는 얼라이언스캐피털에서 일할 때였다. 2003년의 어느 날 패니메이의 최고경영자가 회사에 왔다. 얼라이언스캐피털은 패니메이의 10대 주주 가운데 하나였다. 패니메이의 최고경영자는 많은 사람이 모인 자리에서 현재 미국 부동산시장은 한창 잘나가고 있으며 모든 것이 순조롭고 경영진은 회사의 미래에 대해 매우 자신한다고 말했다.

알다시피, 미국 주택시장을 지탱하는 패니메이와 프레디맥은 2008년 말 정부 소유가 되었다. 미국 정부가 엄청난 자금을 투입해 79.99퍼센트의 주식을 매입했으며 이전에 주식을 갖고 있던 펀드들은 모두 망했다. 아이러니하게도, 두 회사는 30년대 대공황이 한창일 때 정부에서 주택가격을 안정시키고 국민들에게 모기지 채권을 공급하기 위해 만들어진 준 정부기관이다.

이들은 미국 정부의 전폭적인 후원을 배경으로 매우 저렴한 이자로 돈을 빌려 엄청난 규모의 채권을 발행했다. 이들은 만기가 같은 미국 국채와 비교해 1퍼센트 차이로 자금을 융통할 수 있었는데, 즉 2년 만기 미국 국채의 금리가 3퍼센트라면 이들 회사는 이자율 4퍼센트 이내에 돈을 빌릴 수 있었다.

그렇게 모은 돈으로 그들은 두 가지 사업을 했다. 하나는 미국의 많은 은행이 발행하는 모기지 채권을 보장해주는 보험 사업이다. 만약 기관투자자들이 구입한 모기지 채권을 발행한 집주인이 대금을 연체하거나 파산하면 두 회사에서 원금을 돌려주었다. 다른 하나는 싼 이자로 돈을 빌려 직접 모기지 채권을 사 모으는 모기지 매입 사업이었다. 이들은 4퍼센트 이자로 돈을 빌려 이자율이 5퍼센트 이상인 모기지 채권을 샀다. 이렇게 해서 두 회사가 보유하게 된 모기지 채권을 모두 합하면 1000조 원은 거뜬히 넘는다. 물론 패니메이와 프레디맥은 공기업의 성격을 띤 사기업이기에 주식도 발행했는데 그중 상당량은 얼라이언스캐피털 같은 투자은행의 펀드매니저들이 소유했다.

패니메이와 프레디맥은 이번 사건으로 두 가지 사업을 모두 파산했다. AIG가 보험료를 받고 회사채에 대해 손해배상을 해준 것처럼 이들 역시 모기지 보험 사업에서 개인의 모기지 연체와 파산으로 막대한 금액을 손해배상했다. 모기지 매입 역시 서브프라임, CDO 등으로 엄청난 손해를 입고 채무 불능 수준에 이르렀다.

펀드매니저도 잘 모른다

패니메이와 프레디맥은 모기지 채권의 옵션을 헤지하기 위해 엄청난 양의 스왑션(swaption : 스와프와 옵션이 결합된 형태를 일컫는다. 스와프거래에서 변동금리 지급 의무가 있는 거래 당사자가 특정 이자율을 웃돌거나 밑도는 변동금리에 대해 고정금리로 교환할 수 있는 선택권을 주는 금융 거래 기법이다)을 사고팔았다. 보통 회사들은 10K, 10Q를 1년에 한 번, 분기에 한 번 발행하며 일이 있을 때마다 8K를 발행한다. 그 안에 기업의 회계장부를 정리하고 그때그때의 수익과 지출, 그리고 사업 진행사항 등을 적는다. 펀드매니저들은 그런 보고서를 이리저리 뜯어보고 분석해 기업의 재무 상태를 판단하고 투자 유무에 대해 의견을 내놓는다.

재미있는 것은, 패니메이와 프레디맥이 무슨 사업을 하는지 제대로 알고 있는 펀드매니저가 거의 없다는 사실이다. 나는 모기지 채권 전문가였기에 패니메이와 프레디맥이 무슨 사업을 하고, 어떤 채권을 가지고 있으며, 매일 매일의 상황이 어떠한지에 대해 잘 알고 있었다. 하지만 대다수 펀드매니저들은 패니메이와 프레디맥이 무슨 사업을 하는지 모른다. 그러면서 수백억 원에서 수천억 원, 심지어 수조 원에 이르는 고객의 돈을 패니메이와 프레디맥의 주식에 투자한다.

패니메이와 프레디맥에서 사업설명회를 열고 좋은 호텔에 재워주고 고급 레스토랑에서 식사대접을 해주면 그들은 회사가 건실하니 앞으로 계속 주가가 오를 거라고 보고서를 쓴다. 사람의 말처럼 믿기 어려운 것이 있을까? 나는 그런 회사의 주식에 투자하는 것은 엄두조차 내지 못했다. 돈을 갚겠다고 서약한 주택담보대출도 안 갚는데 그런 사람들의 말을 어떻게 믿을 수 있겠는가? 특히 제 잇속을 챙기는 데 급급한 기업이 하는 말은 더욱 믿기 어렵다.

주식 매도를 권하는 투자전략가는 없다

투자전략가는 항상 딜레마를 갖고 있다. 이들은 누군가가 주식을 사기 때문에 존재하는 사람들이다. 세계 최대의 다단계 시장이 존재하려면 누군가가 내가 산 가격보다 높은 가격에 주식을 사줘야 한다. 이를 위해 투자전략가들은 항상 주식을 사라, 앞으로 올라간다 등의 이유를 만들어내며 투자를 독려한다. 말하자면, 투자전략가들은 누군가가 내가 산 가격보다 높은 가격에 주식을 사주지 않으면 존재할 수 없는 직업이다.

2008년 초 주가가 서서히 떨어지기 시작할 때였다. 투자전략가들이 신문, 잡지는 물론 TV에 출연해 주식을 사라, 최근 5년간 지금처럼 주가가 낮은 적은 없었다, 지금 사면 2008년 말까지 20퍼센트 수익을 얻을 수 있다며 투자를 권했다. 결과는 어떠한가?

2008년 말 주가는 폭락했다. 2009년 1월 5일, 월가의 많은 투자전략가들은 또다시 이제 잃을 만큼 잃었으니 지금 사라, 그러면 17퍼센트 이상의 수익을 올릴 수 있다고 말했다. 주식은 누군가가 사야 존재하기에 팔라고 권하는 전문가는 없다.

골드만삭스 한국지사에서 일하는 내 친구는 세계 각국을 돌아다니며 펀드매니저를 만나 주식을 사라고 권했다. 주식시장이 과열되어 있으니 팔라고 권하면 주식을 팔아 자금을 마련하는 중소기업 사장들이 골드만삭스를 이용할 리 만무하기 때문이다. 골드만삭스 같은 투자은행은 주식을 사는 사람이 있어야 수수료를 얻을 수 있고 파는 사람만이 있으면 존재 의미가 없다.

2009년 초에 17퍼센트 수익률을 외친 투자전략가들은 연말에 주가가 떨어지더라도 2010년에 똑같은 의견을 내놓을 것이다. 이는 군중심리 때문이다. 투자전략가들은 다른 사람의 눈치를 보며 기다렸다가 다른 사람이 의견을 제시하면 그제야 자기 의견을 내놓는다. 그러면 돈을 잃어도 나만 잃은 게 아니라 다른 사람도 잃었기 때문에 할 말이 있다. 이것이 주식시장이 돌아가는 원리다. 합리적이라기보다는 비상식적인 곳, 그곳이 바로 주식시장이다.

이상적인 주식 수익률은 얼마인가

경제 성장과 주식 수익률은 비례한다?

경제는 개인, 기업, 그리고 정부로 구성되며 한정된 자원으로 물건을 생산해 이익을 낸다. 생산량이 늘어나면 이익이 늘어나고 자연히 경제가 성장한다. 최근 한창 신들린 듯 물건을 만들어내는 중국은 경제성장률이 15퍼센트 이상이고 한국은 5퍼센트 내외를 유지하고 있다.

이해를 돕기 위해 다음과 같은 경우를 생각해보자. 갑과 을이 각각 1,000원씩 투자한 돈으로 장사를 해서 각자 100원의 이익을 남겼다. 갑은 을에게 자기 지분을 1,100원에 팔고 을 역시 갑에게 1,100원에 팔아 총 2,200원의 자본이 생겼다. 을은 갑에게 나중에 1,150원을 주겠다는 각서를 써주었다. 이 경우 이 회사의 자본은 갑의 지분 1,150원에 을의 지분 1,100원을 합해 2,250원이 된다.

이런 얘기를 하는 이유는 경제성장률이 10퍼센트 미만일 때 주가가 20퍼센트씩 오를 수 없다는 것을 증명하기 위해서다. 금융자산이 20퍼센트 오르는 경우는 두 가지가 있다. 하나는 과다한 레버리지로 돈을 빌려 산 경우이고, 다른 하나는 한쪽에서 20퍼센트 번 만큼 다른 쪽에서 20퍼센트를 잃은 경우다.

첫 번째는 실물자산에 바탕을 둔 금융자산, 예를 들어 채권이나 주식에 해당되고, 두 번째는 파생상품을 예로 들 수 있다. 돈의 가치가 실물자산과 직접 맞물려 있는 경우에는 한쪽에서 팔면 다른 쪽에서 산다. 투자하는 돈만큼 벌게 되므로 자연히 돈을 많이 빌릴 수밖에 없다. 반면에 파생상품은 실물자산의 움직임과는 무관하게 한쪽에서 실제로는 팔지 않으면서 가상으로 팔고 반대쪽에서는 가상으로 산다. 그리고 매일 매일의 가격변동에 따라 서로 현금만을 주고받는다. 이런 파생상품은 반대편에서 호응해주는 한 이론적으로 무한대로 베팅할 수 있다.

일어나지 않은 일은 상상할 수 없다

주식의 가치를 평가하는 모델에는 배당금이나 미래 수익을 현재가치로 환산하는 방법이 있는데, 두 가지 모두 많은 가정을 요구한다. 배당금의 현재가치화는 지금 회사가 주는 배당금을 앞으로도 계속 준다고 가정하고 일정한 이자율로 현재가치로 환산한 모델이다. 이 모델에 따르면, 지금 미국 주식들은 30퍼센트 이상 과대평가되어 있다. S&P500지수가 700포인트 수준이라면 실제로는 500포인트에 불과하다는 것이다. 미래 수익의 현재가치화는 특정 기업의 과거 성장률을 토대로 미래 수익을 산출해 주당 수익을 책정한 뒤 이를 현재가치로 환산한 모델이다.

이들 모델에서 요구하는 가정이란 그야말로 '엿장수 마음대로'이다. 엿장수가 가위로 엿을 자를 때 크게 자르기도 하고 혹은 아주 작게 자르기도 하는 것처럼, 주식의 가치 역시 주식을 평가하는 사람의 마음에 달려 있다. 주식이 마음에 들면 계속해서 좋은 가정을 하고 마음에 안 들면 나쁜 가정에 따라 주가를 책정한다. 주식의 가치 평가를 하는데 가장 치명적인 가정은 미래에도 현재와 같은 수준으로 돈을 벌 수 있다고 가정하는 것이다. 그나마 가장 정확한 척도가 현재 벌어들이는 돈이기에 이것을 사용할 수밖에 없지만, 거기에 곱하기를 해서 거래된다는 것은 앞으로 돈을 벌면 벌었지 망하지는 않는다는 가정이다.

현재 일어나지 않은 일은 상상할 수 없다. 《블랙스완*Black Swan*》의 저자 나심 니콜라스 탈레브(Nassim Nicholas Taleb)에 의하면, 사람들은 백조는 당연히 하얗다고 알고 있다. 까만 백조가 있다는 것은 눈으로 직접 확인하기 전까지는 하얀 백조를 당연하다고 여기는 것이다. 백조는 흥하는 회사를, 흑조는 망하는 회사를 상징하는데 모든 회사가 흥한다는 가정에 따라 주식을 거래한다. 회사가 망하면 주식은 당연히 0원이다. 그 책에 의하면, 레바논은 기독교와 이슬람교가 조화를 이루며 수백 년을 살아왔으며 국민들은 이를 당연시했다. 전쟁이 일어나도 곧 끝나겠지 하는 생각으로 몇 년을 버텼으며, 나라 전체가 초토화되자 사람들은 그제서야 정신 차리고 살길을 모색했다.

사람들은 1만 원을 주고 산 주식이 8,000원으로 떨어져도 앞으로 값이 오를 거라 생각하고 계속 갖고 있다. 주가는 7,000원, 6,000원, 5,000원 계속 떨어져도 팔지 않는다. 그렇다고 그 가격에 주식을 더 사는 것도 아니다. 급기야 투자한 회사가 망하면 모든 것을 포기하고 허탈한 웃음을 짓는다. 분명 주식을 살 때는 거액을, 그것도 현금으로 투자했는데 한순간에 휴지조각이 되었다.

나도 채권시장에서 하루에 수십억 원씩 잃을 때면 삶의 의욕이 떨어진다. 머릿속에는 온통 반대쪽으로 베팅했어야 했는데라는 생각으로 가득하다. 이번 베팅을 포기하고 다음 기회를 노려야 하는지, 아니면 두 배로 베팅해 손해본 것을 만회해야 하는지를 결정하는 동안은 초초하기 그지없다. 그동안 돈을 잃은 때보다 벌 때가 더 많았기에 지금까지 버틸 수 있었지만, 계속 잃었다면 벌써 쫓겨났을 것이다.

이상적인 주식투자의 수익률

19세기 말 다우지수가 처음 생겼을 때의 지수를 40포인트로 잡고 2008년 말의 지수를 8,800포인트로 하면 대략 연간 7퍼센트의 수익이 계산된다. 물론 이 수치는 배당금을 제외한 것이다. 다우지수는 2003년 초부터 2007년 말까지 연간 20퍼센트씩 상승했으며 2008년에는 30퍼센트 가량 하락했다.

장기적으로 주식시장의 성장률은 4퍼센트 이내로 유지해야 한다. 1900년대 주식시장의 평균 성장률 7퍼센트가 2000년 이후 100년 동안 계속되리란 것은 성급한 판단이다. 앞으로 10년간은 4퍼센트 성장도 불가능할지 모른다. 이번 금융위기는 제2차 세계대전 이후 최대의 불황이 전세계를 강타한 것으로 앞으로 몇 년간 기업들의 수익이 크게 하락할 것이다. 평면 TV나 고급 자동차가 팔리지 않는 것은 물론 먹고살기에 급급한 나머지 문화생활은 엄두도 못낼 것이다. 자동차는 A 지점에서 B 지점으로 데려다주는 수단에 불과한데 지금보다 더 크고 편한 자동차가 필요할까? 평면 TV로 바꿔 화질이 좋아지면 얼마나 더 좋아질까? 우리 선조들은 우리보다 훨씬 똑똑했다. 컴퓨터와 계산기 없이 머리로 계산한 덕에 지능이 뛰어났으며 책을 많이 읽어 상상력이 풍부했다. 르네상스 시대부터 시작된 인간의 지식발전도 이제 막바지에 다다랐다.

혹자는 기술이 발달하고 세상이 좋아졌으며 무엇보다 정부가 강해졌으니 예상외로 빨리 회복될 거라 말하지만 내 생각은 다르다. 세상은 좋아졌지만 훨씬 복잡해졌고, 기술이 발달했지만 아무도 물건을 사지 않으며, 정부가 강해졌지만 사유화로 정부 정책이 별다른 효과를 얻지 못할 것이다.

경기가 나쁘면 사람들은 본능적으로 소비를 줄이므로 기업의 수익 역시 줄어든다. 그렇게 되면 빚이 많은 회사는 도산하게 되고 빚이 없더라도 직원 수를 줄이고 긴축정책을 펼 것이다.

부자는 망해도 3년 간다?

얼마 전 독일의 거부 아돌프 메클레(Adolf Merckle)가 글로벌 금융위기로 사업에 어려움을 겪자 열차에 몸을 던져 자살했다. 올해 70세가 넘은 이 노인은 제약회사, 시멘트회사를 사들여 세계 100위 안에 드는 갑부인데, 가지고 있는 주식을 담보로 돈을 빌려 주식 투기에 나섰다.

2008년 말 포르쉐(Porsche)에서 폴크스바겐(Volkswagen)을 사겠다고 선언한 후 하루 만에 폴크스바겐 주가가 4배 이상 뛰는 사태가 벌어졌다. 그는 소위 숏스퀴즈(short squeeze : 주가가 상승할 때 숏 매도를 했던 투자자들이 숏 포지션을 커버하기 위해 혹은 손실을 줄이기 위해 매수하는 것을 의미한다)에 휘말렸는데, 폴크스바겐 주식을 빌려 판 사람들에게 갚을 길이 없자 비싼 가격에 다시 사서 돌려준 것이다. 이 과정에서 엄청난 양의 폴크스바겐 주식을 판 메클레는 하루 만에 수조 원을 잃었고, 그 돈을 갚을 길을 모색하다 스트레스를 못 이겨 기차에 몸을 던졌다.

옛말에 부자는 망해도 3년은 먹을 것이 있다고 했는데, 요즘 특히 금융에 손댄 부자들은 망하면 하루도 버티기 힘들다.

주식시장은
인간의 탐욕을 먹고산다

　채권은 돌려줄 원금과 이자가 정해져 있다. 2008년 말 현재 미국 국채는 만기에 따라 이자율이 1퍼센트 이내에서 5퍼센트를 넘지 않는다. 또한 채권은 만기가 길수록 이자율이 높다. 가끔 경기 과열을 막기 위한 정부의 정책 때문에 장기보다 단기 채권의 이자가 높을 때도 있지만 정상적인 상황은 아니다.

　미국 국채를 1,000원에 샀는데 1년 만기에 이자율이 1퍼센트라면 1년 후 1,010원을 돌려받게 된다. 말 그대로 수익률 1퍼센트다. 국채보다 금리가 조금 높은 회사채는 신용평가사의 평가 등급에 따라 시장에서 미국 국채를 기준으로 이자율을 책정한다.

CDO와 서브프라임이 문제된 이유

모기지 채권도 마찬가지다. 프레디맥이나 패니메이에서 보증하는 모기지 채권은 미국 국채를 기준으로 이자율을 책정하고 이들 회사에서 보증하지 않고 은행에서 직접 발행한 모기지 채권은 이자율이 좀 더 높다. 이번 금융위기의 주범인 CDO는 이러한 은행에서 직접 발행한 모기지 채권이 포함돼 원금보장이 안 된다.

회사를 합병하거나 혹은 매입하려 하는데 돈이 없다면 LBO 론(loan)을 발행한다. 매입하려는 회사의 가치가 10조 원인데 2조 원밖에 없다면 8조 원의 LBO 론을 발행해 회사를 매입하고 나중에 갚는다. LBO 론은 위험부담률이 높기에 이자율이 높다. 채권투자에서 위험부담률과 이자율은 비례한다.

CDO와 서브프라임이 문제된 이유는 위험에 합당한 이자를 책정하지 않았기 때문이다. 돈이 돈처럼 보이지 않으면 돈을 물처럼 쓰게 된다. 마찬가지로 CDO와 서브프라임을 산 사람들은 위험에 준하는 이자가 책정됐는지를 따져보지도 않고 무작정 구입한 것이다. 이제까지 부동산시장과 금융시장이 그래왔다. 은행들은 사업계획서를 제출하면 무조건 돈을 빌려주었다. 2003년~2006년처럼 앞으로도 계속 사업이 승승장구할 것이라고 생각했던 것이다.

주식시장은 더욱 가관이어서 사람들은 너도나도 주식을 사들였다. 기업 입장에서는 거저 들어온 돈을 못 챙기는 것이 오히려 바보였다. 투자은행을 고용하고, 장부를 정리하고, 여기저기 돌아다니면서 투자설명회를 열면 회사가 한 분기에 벌어들이는 수익의

10배가 생겼다. 그 중 상당 부분은 중계비로 투자은행에서 떼어가지만 피차 영리를 목적으로 하기에 그 정도는 양보했다. 이처럼 누이 좋고 매부 좋은 관계가 영원히 지속된다면 얼마나 좋겠는가? 불행하게도 신은 이를 허락하지 않았다.

잃을 게 없는 투자회사들

인간의 탐욕은 무한하지만 자원은 한정돼 있다. 인간의 탐욕이 없다면 주식시장은 존재하지 않는다. 하지만 채권은 다르다. 누군가는 항상 돈을 필요로 하므로 적절한 이자를 받고 빌려주면 아무 문제가 없다. 주식은 회사를 소유하는 권리라고 하는데 가만히 생각해보면 참 어이없는 금융상품이다. 아무런 보장 없이 내 돈을 맡긴다는 발상 자체가 상식적으로 이해되지 않는다. 나는 단지 내 돈을 더 크게 불려준다는 말만 믿고 빌려줬는데 그 돈이 이리저리 돌아서 전혀 모르는 곳에 있다.

투자계약서의 맨 아래를 보면 조그만 글씨로 수익이 보장되지 않으며 원금의 일부 내지는 전부를 잃더라도 배상해주지 않는다는 경고 문구가 적혀 있다. 게다가 투자회사들은 번 돈의 일부, 어떤 경우에는 상당량을 수수료로 떼어간다. 돈을 굴리는 쪽에서 보면 실패하더라도 잃는 게 없다. 구입한 지 얼마 안 된 새 차가 달리다가 서면 자동차회사에서 무료로 보상해준다. 새로 산 TV의 화질이 불량하면 제조회사에서 무상으로 수리해준다. 하지만 금융시장은 남의 돈을 잃어도 한푼도 보상해주지 않는다.

이런 점들에 비춰볼 때 주식시장은 인간의 탐욕을 매우 잘 활용하고 있다. 이런 현상은 80년대 주식시장이 크게 활성화되면서 더욱 심화됐다. 얼마 전 미국 최대의 다단계 사기 사건을 일으킨 메도프만 해도 주식시장이 없었다면 존재하지 않았을 것이다.

지난 30년처럼 돈을 벌 수 있는 기회는 다시 오지 않는다

얼마 전 시카고 근교의 한적한 공원에서 잘 알려진 부동산투자자가 자신의 승용차 안에서 머리에 총알이 박힌 채 발견됐다. 경찰은 자살이라고 단정했지만 항간에는 타살이라는 소문이 돌았다. 최근 그가 심각한 자금난에 시달리고 있다는 사실이 많은 사람들에게 알려졌으며, 그가 투자받은 자금이 유명한 시카고 조직의 검은 돈이라는 소문도 있었다. 2006년과 2007년에 그가 투자한 부동산 가격이 곤두박질쳤으며, 투자한 자금의 대부분을 대출금으로 충당했기에 상황은 더욱 심각했다.

게다가 검은 돈을 손댔으니 그쪽에서 잠자코 있었을 리 없다. 남의 돈을 갈취하는 것이 전문인 검은 조직에서 자기 돈을 잃고 조용히 있는 것은 자존심이 허락하지 않았을 것이다.

1억 원을 벌 가능성과 50억 원을 잃을 가능성

학교 선배 중에 부동산 제왕으로 널리 알려진 도널드 트럼프 (Donald Trump)가 있다. 그의 아들 역시 동문이었는데 같이 수업을 들은 적도 있어 트럼프에 대해 잘 알고 있다. 개인적으로 트럼프를 좋아하진 않지만 그가 한 말은 기억에 남는다. 그는 "1억 원을 벌 가능성이 99퍼센트이고 50억 원을 잃을 가능성이 1퍼센트라면 그 사업은 접어야 한다."고 했다.

간단히 계산해보자. 이 사업은 벌 돈 0.99×1억 원=9,900만 원, 그리고 잃을 돈 0.01×50억 원=5,000만 원, 두 개를 빼면 기댓값이 4,900만 원이므로 이 사업은 당연히 해야 한다.

하지만 여기서 한 가지 간과한 것이 있다. 처음 투자한 자본이 얼마인가 하는 것이다. 자기 자본이 50억 원 이상이었다면 이 사업은 남는 게 없지만 자기 자본이 1억 원이라면 해볼 만한다. 1억 원을 가진 사람이라면 대부분 이 장사를 할 것이다. 49억 원을 빌려 50억 원을 투자해서 1억 원을 벌 확률이 99퍼센트이므로 대부분 성공할 수 있기 때문이다. 그러나 사람들은 50억 원을 잃은 일이 실제 생활에서 일어나고 있으며 그렇게 되면 49억 원의 채무자가 된다는 사실을 간과한다.

이런 일은 실물시장보다는 금융시장에서 자주 일어난다. 대표적인 예가 바로 기차에 뛰어들어 자살한 독일의 거부 아돌프 메클레다. 일례로, 내가 1억 원을 가지고 있는데 현금이 아니라 부동산이다. 나는 그것을 담보로 1억 원을 빌렸다. 그리고 그 돈을 주식

계좌에 넣어 마진으로 4억 원을 더 빌려 5억 원어치 주식을 샀다. 이때 내 재산은 여전히 1억 원이다. 그런데 불행하게도 3개월 후 내가 산 주식의 가치가 70퍼센트 하락해 5억 원이던 투자금이 1억 5천만 원으로 줄어들었다. 설상가상으로, 내가 처음에 담보로 제공했던 부동산의 가치도 50퍼센트 하락했다.

이런 경우 나의 재산은 얼마나 될까? 일단 빌린 돈은 모두 5억 원이다. 그러나 처음 담보로 잡힌 1억 원의 부동산은 5천만 원, 5억 원을 주고 산 주식은 1억 5천만 원으로 떨어져 2억 원이 됐다. 그럼 나의 채무는 얼마인가? 처음 빌린 1억 원과 이것을 주식 계좌에 넣어 마진으로 4억 원을 또 빌렸으니 모두 5억 원이다. 가지고 있는 주식을 모두 팔아도 2억 원밖에 못 갚으므로 3억 원이 빚으로 남는다. 3개월 전 1억 원의 재산가였던 나는 3억 원의 채무자로 바뀌었다. 이 경우 수익률은 마이너스 400퍼센트다.

부자는 망해도 3년은 간다는 옛말은 나름 일리 있다. 옛날에는 레버리지라는 개념이 없었고 모든 것을 현물로 소유했기에 망하더라도 재산은 어느 정도 건질 수 있었다. 가진 재산의 20퍼센트면 몇 년은 먹고살 수 있었던 것이다. 하지만 글로벌 시대인 지금은 백만장자도 하루아침에 망할 수 있고, 3년은 먹고살 만한 재산은 커녕 단 며칠을 버틸 돈도 없어 자살한다.

메클레가 자살할 수밖에 없었던 자세한 사정은 아무도 모른다. 하지만 한 번의 잘못된 투자 결정 때문에 하루아침에 10조 원이 넘는 자산가에서 수조 원의 채무자로 전락했다. 그는 왜 10조 원이 넘는 재산에 만족하지 못했고 또 자기 분야도 아닌 주식 투기에 나서서 인생을 망쳤을까?

이는 모든 인간의 마음 한구석에 존재하는 무서운 욕심 때문이다. 그 욕심이 100년에 한 번 찾아올까 말까 하는 이런 금융위기에 많은 사람들을 파탄에 빠뜨렸다. 누가 말했는지 모르지만, 투기로 번 돈은 섹스보다 더한 기쁨을 안겨준다고 했다. 누구도 그 유혹을 물리치기는 어려울 것이다.

지난 30년 같은 시절은 다시 오지 않는다

2008년 여름, 나는 미국 주식은 매우 비싼 데 반해 미국 달러는 너무 싸고 유로화는 지나치게 강세라고 생각했다. 그래서 갖고 있던 여유자금 1천만 원을 투자해 다우지수 선물을 11,300포인트에서 팔았고, 유로를 1.53에서 팔고 미국 달러를 샀다. 나는 프로투자자였으므로 선물시장을 이용해 다우지수는 1억 원, 유로는 5천만 원을 팔았다. 내 돈 1천만 원으로 1억 5천만 원이 넘는 베팅을 한 것이었다. 그리고 한동안 시장을 지켜봤다. 7~8월에는 주식시장에 별다른 변동이 없더니 9월 초부터 폭락했으며 미국 달러도 무섭게 상승했다.

내 예상이 적중한 것이었다. 그때의 기분은 말로 표현할 수 없을 만큼 기뻤다. 내 생각이 옳았다고 생각하니 괜스레 우쭐해졌다. 이런 기분을 맛보기 위해 사람들은 주식시장에 뛰어든다. 하지만 전문가가 아닌 이상 주식투자는 도박이나 다름없다. 매일 주식만을 쳐다보는 전문가도 돈을 잃는 마당에 부업으로 주식을 사고파는 개미들이 돈 벌기란 쉽지 않다.

과거 30년간 주식시장은 계속 상승세를 유지하자 많은 사람들이 주식투자에 대한 착각에 빠졌다. 주식을 사기만 하면 쉽게 20퍼센트, 30퍼센트씩 벌었으니 안 하는 사람이 바보라는 생각마저 들었다. 하지만 지난 30년 같은 시절은 주식시장에 다시 오지 않으므로 그때의 수익률을 기대하고 투자한다면 큰 어려움에 부딪힐 것이다.

지난 10년 동안 무섭게 부풀려진 금융시장은 자산 가격의 폭등을 초래했다. 80년대 말 40,000포인트 가까이 갔던 일본의 닛케이 지수가 20년이 지난 지금 9,000포인트에서 헤매듯 20년 후 많은 자산들이 지금의 25퍼센트를 밑도는 현상이 벌어질 것이다.

경제학자나 금융공학자도 과도한 레버리지가 경제에 미치는 영향을 제대로 알고 있지 못하다. 공급경제학이 성행했던 지난 30년은 경제 흐름을 시장에 맡기는 자유방임주의가 팽배했기에 경제학은 무용지물이나 다름없었다. 그러면서 시장은 완전히 실패했다.

지난 30년 동안에는 열심히 일하지 않더라도 운이 좋으면 일확천금을 버는 일이 허다했다. 앞으로는 인간의 노동을 신성시하는 시대가 돼야 한다. 금융시장은 소수의 프로들이 노는 곳이지, 순진한 동네 아저씨들이 심심해서 돈놀이 할 곳이 절대 아니다.

주식 수익률이
0퍼센트여야 하는 이유

주식 · 채권 · 부동산의 적정 수익률

결론부터 말하면, 주식의 적정 수익률은 0퍼센트이고, 채권의 적정 수익률은 5~7퍼센트, 부동산의 적정 수익률은 5퍼센트다. 이 수치는 인플레이션 상승률을 제한 것이다. 1981년 서울 압구정동 한양아파트의 가장 작은 평수 한 채가 2,700만 원이었다. 2011년 같은 집이 5억 원이라면 인플레이션 상승률을 제하고 연평균 약 11퍼센트 오른 셈이다. 이 정도면 세계 경제사에서 유례를 찾아보기 힘들 만큼 크게 성장했다 해도 과언이 아니다.

과학기술의 발달로 인간의 삶은 매우 편리해졌다. 인간의 삶이 여기서 얼마나 더 편리해질 수 있을까? 화장실에서 볼일을 보고 버튼만 누르면 알아서 씻어주고 말려주는데 더 이상 어떻게 좋아질 수 있을까? 집안이 비좁은 한국에서는 흔치 않지만 미국에서는 웬만한 사람들은 집안에 적외선 사우나와 자쿠지 욕실(기포가 올라오는 욕탕)을 갖추고 있다.

사람들은 과학기술 발달의 한계를 생각하지 않는다. 휴대전화 단말기만 해도 한손에 쏙 들어갈 만큼 크기가 작아졌고 기능이 많아졌는데 여기서 얼마나 더 좋아지고 가격이 떨어지겠는가? 50만 원 하던 휴대전화 단말기 한 대 가격이 10만 원으로 떨어지면 단말기를 만드는 회사는 이윤이 줄어들 것이다. 당연히 더 많은 단말기를 만들어 팔아야 현재 상태를 유지할 수 있다.

자동차와 컴퓨터도 마찬가지다. 컴퓨터는 가격이 저렴해 몇 년에 한 번 바꾼다 해도 한 대에 수천만 원을 호가하는 자동차는 여간해서는 교체하기 힘들다. 집 다음으로 비싼 품목이 바로 자동차다. 하지만 자동차시장도 이제 포화 상태에 이르렀다. 갈수록 복잡해져서 고장 나면 고치기가 더 힘들고 옛날처럼 강철로 만들어 튼튼하지도 않다.

다시 본론으로 돌아가서, 그렇다면 왜 앞으로 30년간의 주식 수익률은 0퍼센트여야 할까?

반드시 지켜야 할 자본시장의 불문율

주식은 회사에 대한 소유권이지 고정된 수입이나 원금의 상환에 대한 약속이 아니다. 돈을 투자할 때부터 '나는 이 돈을 다 잃어도 괜찮습니다'라고 각서를 쓴 것이나 다름없다. 예를 들어, 씨티그룹 주식을 주당 20달러에 수천만 주를 샀는데 주당 2달러나 3달러로 떨어져도 불평하지 않겠다는 의미다.

반대로 채권은 100달러를 빌려줬을 때 정해진 시간에 이자를 내지 않거나 만기에 원금을 반환하지 않으면 채권 주인은 법을 활용해 받아낼 수 있다. 이번 금융위기는 어떻게 보면 주식을 빌미로 엄청난 양의 부채를 만들어 생긴 일이다. 즉 주가와 집값이 오르므로 빚을 갚는 건 문제없다고 판단하고 계속해서 돈을 빌린 것이다.

지난 30년간 미국의 개인, 기업, 정부가 빌린 돈이 약 3만 5,000조 원에 이른다. 그 절반인 약 1만 7,000조 원이 최근 8년 동안 생겼다고 하니 금융시장이 얼마나 과대평가되었는지 짐작할 수 있다. 1998년부터 시작돼 2001년까지 계속된 IT 버블은 주식만 관련됐기에 단기간에 회복될 수 있었다. 회사가 망해도 빚만 없으면 먹고 살 수 있었다. 그렇다면 미국은 그 많은 돈을 빌려다 어디에 썼을까? 그 돈으로 미국은 중국, 한국, 일본 등지에서 생산한 물건을 샀다. 미국은 전세계에서 가장 큰 자동차, 전자제품, 휴대폰 단말기의 소비국이다.

또한 미국은 그 돈을 자본수지(국제 거래에서 유가증권의 매매나 자금 융통과 같은 자본 거래에 의해 생기는 수지)로 썼다. 미국의 펀드가 한국의 은행을 살 때 많은 부채를 낸다. 시간이 걸리겠지만 자본수지가 빠져 나가면 경기가 침체되고 부동산 가격이 하락하게 된다. 물론 각국 정부는 안간힘을 쓰고 방지책을 마련하느라 고심하겠지만 역부족이다.

미국이 빌린 1만 7,000조 원 가운데 20~30퍼센트가 회복 불능의 부실부채다. 그렇다면 약 3,400조 원에서 5,100조 원의 손실이 일어날 것이다. 현재 미국 정부가 투입한 돈이 약 2,000조 원인데 이 돈 또한 많은 정치적인 사안 때문에 언제 얼마만큼 효과적으로 쓰일지 모른다. 돈으로는 역부족이며 위축된 소비 심리나 파탄 난 금융시장까지 감안하면 언제 경기가 완전히 회복될지 알 수 없다.

IT 붐 당시 5000포인트를 넘었던 나스닥지수가 지금은 1500포인트 수준을 유지하고 있다. 그때는 돈을 잃어도 좋다고 각서를 쓰고 뛰어든 주식만이 문제였다. 그러나 지금은 주식을 뛰어넘어 주식의 수십 배에 달하는 부채로까지 확대되었다. 부채는 엄연히 돌려줘야 할 남의 돈이다. 내가 주식시장의 장기 수익률이 0퍼센트라고 하는 것은 이 때문이다.

물론 단기적으로 주가는 오르내리기를 반복할 것이다. 하지만 이런 단기적인 흐름에 연연해 주식투자를 한다면 차라리 카지노에 가서 블랙잭을 하는 것이 낫다. 근본적으로 부채 문제가 해결될 때까지 주식 수익률은 0퍼센트이어야 한다. 이것은 자본시장의 불문율이다. 이러한 나의 지론은 경제 전체적인 시각으로 개별 회사에 적용해서는 안 된다. 개중에는 부채가 없는 좋은 회사들도 있을 것이다.

모든 악의 근원은
돈에 대한 욕심

금융시장 거품의 정점에서 벌어지는 일들

금융시장이 거품의 정점에 이르자 별 해괴한 일들이 다 벌어졌다. 최근 미국에서는 자산운용사와 보험사를 운영하던 30대 후반의 평범한 청년이 비행기 추락사를 가장한 자살 행각을 벌여 이슈가 됐다. 문제의 청년은 투자자를 끌어 모아 매스컴에서 추천하는 종목에 투자했다가 큰 손실을 입었다. 그는 소형 비행기를 타고 가다가 자신은 낙하산을 타고 탈출하고 비행기는 야산에 추락시켰는데, 사건을 수사하는 과정에서 비행기 문이 열려 있음을 수상하게 여긴 당국에 의해 하루 만에 체포됐다.

이처럼 미국에서는 잘생기고 입담 좋은 젊은 청년들이 자산운용사의 간판을 내걸고 1~2퍼센트의 수수료를 챙기는 일이 최근 10년 동안 우후죽순으로 일어났다. 이는 그다지 어려운 일도 아니었다. 고객관리만 잘하면 얼마든지 가능했다. 가끔 전화를 걸어 주식시장은 잘나가고 투자금은 계속 불어나고 있으니 걱정하지 말라며 안심시켜 주면 되었다. IT 붐이 일어났던 1998년부터 2001년까지를 제외하고 1980년부터 2007년 말까지 주식시장은 계속 상승했으며 자산운용사는 매달 1~2퍼센트의 수수료를 꼬박꼬박 떼어갔다.

사실 지금의 금융위기는 IT 붐 시절에 일어났을 일인데 연방준비제도이사회 의장의 저금리 정책 덕분에 집값이 무섭게 폭등하면서 5년간 연기되었던 것이다. 이는 죽음을 앞둔 암 환자에게 몰핀을 계속 투여해 5년 동안 생명을 연장한 것이나 다름없다.

주식시장의 파멸은 명약관화

모든 악의 근원은 돈에 대한 욕심이라는 말이 성경의 티모씨 6장 10절에 나온다. 그렇다고 돈 자체가 나쁘다는 의미는 절대 아니다. 다만 돈에 지나치게 집착할 때 문제가 생기는 것이다.

빌 게이츠는 돈보다 컴퓨터에 대한 열정이 넘쳤다. 열정을 불사르다 보니 자연스럽게 돈이 따랐다.

월트 디즈니(Walt Disney)는 사업에 실패하고 살 집이 없어 교회에서 먹고 살았다. 우연히 교회 다락방을 들락거리는 생쥐를 보고 너무 귀여워서 그려본 것이 그 유명한 미키 마우스가 됐다.

KFC를 세운 사람도 만날 사업에 실패하고 60세가 넘어 정신병

원에까지 갔다가 말년에 닭 튀기는 비법을 개발했다. 처음에는 아무도 사주지 않았지만 차츰 단골이 생기면서 선풍적인 인기를 얻어 인생역전에 성공했다. 이렇듯 돈 자체 때문에 부자가 된 사람은 많지 않다.

1980년부터 시작된 주식시장의 상승세에 힘입어 주식으로 부자가 된 사람이 속출했다. 조지 소로스 역시 돈을 벌고 싶다는 생각보다는 영란은행과 싸워서 이기겠다는 열정이 더 컸다. 워렌 버핏도 투자에 대한 열정이 있었으며 돈을 벌겠다는 욕심은 크게 작용하지 않았다.

그러나 사람이 돈 자체에 욕심이 생기면 이는 더 볼 것도 없이 파멸이다. 지금의 워렌 버핏이 이를 잘 증명해준다. 선물시장에서 투기를 하고 미국 달러를 수십조 원씩 파는 그의 행동이 지난 30년간의 그의 투자 인생을 먹칠하고 있다. 이런 행동은 돈에 눈이 멀어 자기 회사의 주가를 올리려는 의도로밖에 보이지 않는다.

앞서 강조했지만 주식은 세상에서 가장 큰 다단계 게임이다. 주식시장은 돈에 대한 욕심이 많은 사람들의 놀이터다. 그렇기에 주식시장의 파멸은 명약관화하다. 채권시장과 주택시장도 열외는 아니다. 하지만 채권시장은 이자를 받고 돈을 빌려주는 지극히 정상적인 곳이며, 주택시장 또한 사람이 거주한다는 근본적인 목적이 있기에 앞으로 지속될 것이다. 하지만 돈에 대한 인간의 욕심과 원하는 것을 갖고 싶은 심리를 이용해 돈을 주겠다는 약속 없이 누군가 나보다 더 비싸게 사줄 거라는 막연한 기대감으로 만들어진 주식시장은 앞으로 10년 이내에 크게 축소될 것이다.

알다시피, 회사가 파산하면 주식을 소유한 사람이 가장 마지막에 투자한 자금을 돌려받는다. 채권단이 들어와 회사의 모든 자산에 클레임을 걸어놓고 기다린다. 특히 요즘은 대부분의 회사들이 주식을 팔거나 빚을 내어 마련한 자금으로 운영되기에 전세계가 동시에 공황에 빠지면 살아남기 힘들다. 주식이나 채권을 발행하지 않아도 회사 운영에 전혀 지장이 없고, 또 돈에 대한 욕심이 없어 벌어들인 만큼 투자해온 회사들은 생존할 수 있을 것이다. 주식은 발행했지만 빚이 없는 회사도 살아남을 것이다.

비교우위의 환상에서 깨어나라

사람이든 기업이든 돈 그 자체가 목적이면 이번 위기에서 살아남기 힘들다. 마이크로소프트가 30년 만에 처음으로 구조조정을 선언했고, 인텔은 컴퓨터 CPU 생산 공장의 문을 닫는다고 했으며, 소니도 TV 판매량이 줄었음을 시인한 바 있다. 지금은 평면 TV보다 먹고사는 게 더 중요하다. 잘사는 나라 사람들은 요즘 굶어죽는 사람이 어디 있느냐고 반문하지만 전세계적으로 갈수록 절대 빈곤층이 늘어나고 있다. 미국에서도 집값을 내지 못해 추운 겨울에 가족 전체가 동네 모텔에서 지내거나 길거리에 텐트를 치고 사는 사람들이 허다하다.

경제학자들은 이상주의에 빠져 세계 각국이 비교우위 법칙을 준수하고 서로 사이좋게 나눠 먹으며 잘사는 나라를 꿈꿔왔다. 그들의 의도는 높이 산다. 불행하게도 그들은 돈에 대한 인간의 욕심을 제대로 파악하지 못했다. 이윤의 극대화 차원에서 기업의 독과점 구조에 대해서는 많은 연구를 했지만, 욕심 많은 사람들이 비교우위를 앞세워 자신의 이익만을 추구하면 기존 경제학 이론은 쓸모없게 된다는 점을 예측한 경제학자는 많지 않다. 나의 이런 생각이 개똥철학이라 해도 상관없다. 결국은 시간이 증명해주고 결과가 말해줄 것이다.

흔들리는 시장의 심리를 읽어라

　최근 금융시장은 평정심을 잃었다. 특히 주식시장이 심각하다. 1시간 주기로 주가가 4퍼센트 내려갔다가 다시 8퍼센트 오르는가 하면 4퍼센트 올랐다가 다시 8퍼센트가 떨어져 4퍼센트 하락한 채로 장이 마감되기도 한다.

　그렇다면 주식의 가치가 하루에도 10퍼센트씩 오르내릴 수 있을까? 그것이 타당하다고 생각하는가?

　주식시장은 파는 사람과 사는 사람이 있고, 그들이 주식의 가치에 대해 서로 다른 의견을 갖고 있기에 거래가 성립된다. 그렇더라도 하루 동안 주가가 10퍼센트씩 오르내리는 것이 과연 정상적이고 당연한 현상일까?

탈출구는 있는가

2008년에 일어난 주식을 비롯한 많은 자산 가격의 폭락은 각국 연기금에 엄청난 타격을 입혔다. 예를 들어, 필라델피아 시의 연기금은 2008년 말 50퍼센트 이상 줄어들었다. 필라델피아 시는 현재 퇴직한 교사나 경찰관, 소방관, 공무원이 많고 앞으로도 많은 사람이 퇴직할 것이다. 그들의 평균수명을 감안해 앞으로 지급해야 할 연금의 현재가치를 계산해보니 지금 갖고 있는 금융상품과 현금의 150퍼센트가 됐다. 즉 갚아야 할 돈은 150원인데 내 돈은 100원밖에 없는 것이다.

더욱 큰 문제는 그들에게 지급할 연금의 이자율을 9퍼센트로 책정했다는 점이다. 이는 금융상품으로 매년 9퍼센트 수익을 올린다고 가정했다는 의미다. 하지만 매년 9퍼센트 수익을 올리는 것은 불가능하므로 필라델피아 시의 연기금은 50퍼센트보다 한참 낮은 수준일 것이다. 쉽게 말하면, 퇴직한 사람들은 필라델피아 시에서 약속한 연금의 50퍼센트도 못 받게 된다.

영화 〈터미네이터〉로 유명한 아놀드 슈왈츠제네거가 주지사로 있는 캘리포니아 주는 그동안 그해 거둬들일 세금을 담보로 미리 금융시장에서 돈을 빌려왔다. 그런데 2008년 말 금융시장의 파탄으로 돈을 빌릴 수 없게 되자 채권자들에게 약속어음을 써주고 연방준비위원회에 도움을 요청했다.

캘리포니아 주와 필라델피아 시뿐만 아니라 많은 주정부와 시정부가 이와 같은 상황에 처해 있다. 항상 먼저 빌려 쓰고 나중에 갚는 데 익숙해져 있던 주정부와 시정부는 세계적인 금융위기에 갈피를 잡지 못하고 있다. 대학들도 사정은 마찬가지다. 아이비리 그를 비롯해 미국의 내로라하는 대학들은 주식, 채권, 헤지펀드, 사모펀드, 벤처캐피털 등 여기저기에 엄청난 자금을 투자해놓았다. 서브프라임에서 시작된 금융위기로 모든 자산이 헐값으로 전락하면서 너도나도 탈출구를 향해 내달리고 있다.

이러한 금융시장의 이해관계는 일반인들이 이해하기에 다소 무리일 수 있다. 하지만 모든 자산의 가격이 한꺼번에 떨어지고 있으며 경제가 좋지 않다는 사실은 고등학생도 알 것이다. 전문 용어로는 모든 자산의 상관관계가 1이 되어버렸다. 상관관계가 1이 되면 자산을 갖고 있으면서 다른 자산으로 헤지하는 것이 불가능하다. 이런 상황에서 가장 확실한 헤지는 빨리 팔아버리는 것이다.

사람들은 왜 펀드에 돈을 맡길까

이번처럼 전세계 모든 자산의 가치가 한꺼번에 폭락한 적은 없었다. 80년대 말 일본의 주식과 부동산이 폭락했지만 한국은 올림픽 개최로 경제 성장을 이뤘으며, 중국은 개방으로 경제 성장의 첫 걸음을 내딛었다. 1997년 아시아 금융위기 때에도 미국과 유럽은 전반적으로 양호했다. 반대로 2003년부터 2006년처럼 전세계 모든 자산이 한꺼번에 폭등한 적도 없었다.

혹자는 그렇다면 2003년 수준으로 자산 가격이 떨어지면 되지 않겠냐고 주장할 것이다. 2003년부터 2006년 자산 가격의 폭등은 기름이 떨어지기 직전 자동차가 마지막 남은 연료를 태우면서 엔진이 크게 도는 것과 같다. 곧 괜찮아질 것이라며 스스로를 위로하지만 최근의 자산 가격 폭락은 끝이 보이질 않는다.

지난 30년 동안 주식시장은 남의 돈을 맡아서 굴려준다는 펀드의 등장으로 크게 확산되었는데 이번 위기에는 그들도 속수무책이라는 사실이 증명됐다. 그렇다면 사람들은 왜 비싼 수수료를 내고 그들에게 돈을 맡길까? 내 돈을 잃으려고 수수료를 내는 걸까? 이런 생각이 드는 사람은 펀드를 해지할 것이고, 이들의 돈을 돌려주기 위해 펀드들은 주식이나 금융상품을 헐값에 팔아치우는 사태가 벌어질 것이다. 펀드매니저의 입장에서는 자기 돈을 잃는 게 아니기 때문에 큰 고민 없이 팔아치운다.

물론 반대 의견도 있다. 자산 가격이 너무 높기에 펀드에 돈이 몰리고, 이 뭉칫돈이 주식이나 금융상품에 투자돼 다시 자산 가격이 올라간다는 주장이다. 하지만 이런 주장은 신빙성을 잃었다. 2008년 초 주가가 조금 떨어졌을 때 펀드에 투자한 사람들은 2008년 말 엄청난 손해를 보았을 것이다. 한번 실수는 병가지상사라지만 두 번씩 베팅할 만한 총알을 가진 사람은 많지 않다.

보스턴사이언티픽(Boston Scientific)이라는 유명한 의료기기 제조회사를 설립한 사람들이 있다. 이들은 2006년 자신들이 소유한 자회사 주식을 담보로 대출을 받아 다른 회사의 주식에 투자했다. 2008년 말 투자한 회사의 주식이 헐값이 되자 담보로 잡혀 있던 자기 회사의 주식을 무더기로 팔았고, 그 결과 보스턴사이언티픽의 주가가 헐값이 됐다. 독일의 거부 아돌프 메클레도 이와 같은 방법으로 하루아침에 10조 원의 거부에서 수조 원의 채무자로 전락했다.

　각국 정부가 나서서 자금을 지원하고 세금을 깎아주며 경기부양을 한다고 이번 사태가 해결될까? 천만의 말씀이다. 이미 개인과 기업이 정부보다 훨씬 커졌다는 사실은 삼척동자도 다 안다. 1970년대의 한국처럼 국가가 나서서 경제를 뒤흔드는 시기는 지났다. 정부에서 규제라든가 정책으로 경제 방향을 제시하는 것은 가능하지만, 70년대처럼 정부자체에서 돈을 넣어 경제의 엔진을 돌리는 것은 불가능하다. 국가가 개입해서 이리저리 조정해봤자 결국 개인과 기업에서 원점으로 돌려놓는다. 펀드투자로 쉽게 돈을 버는 '돈 맛'을 본 사람들의 생각을 바꾸기는 힘들다.

5장

내 돈을 지키는
투자의 원칙과 진실

THE TRUTH ABOUT MONEY

내 돈은 내가 관리하는 것이 최고다. 내가 직접 투자하고 잘 모르면
은행에 예금하는 것이 안전하다. 만약 펀드에 투자한다면 펀드매니
저가 많은 지분을 갖고 있는 펀드, 즉 돈을 잃을 경우 펀드매니저도
함께 망하는 펀드에 투자해야 한다.

생판 모르는 남에게 돈을 맡긴다는 웃기는 개념

학자들이 60년대부터 지금까지 존재해온 펀드의 수익률을 연구한 적이 있다. 이 연구는 돈을 잃고 파산한 펀드는 얼마나 되며 그들의 수익률을 감안할 때 현존하는 펀드들의 수익률이 과연 타당한 것인가에 중점을 두었다. 연구결과, 현재 시중에서 판매되고 있는 펀드들의 과거 10년간 수익률은 거짓임이 입증됐다.

1980년부터 시작된 세계적 경기호황에 힘입어 주식시장은 전반적으로 크게 성장했지만 그렇다고 파산한 펀드가 없는 것은 아니다. 가장 가까운 예로 90년대 말 IT 붐이 한창일 때 파산한 펀드는 한두 개가 아닌데, 그들의 성적표는 역사 속으로 사라지고 사람들의 기억 속에서도 지워져버렸다.

일본의 잃어버린 20년과 펀드 수익률의 관계

80년대 말 40,000포인트 가까이 치솟았던 일본 주가는 2009년 1월 현재 8,000포인트 내외로 전성기의 20퍼센트 수준으로 떨어졌다. 이 논리를 코스피지수에 적용한다면 최고치를 2,000포인트라 할 때 앞으로 20년 후에는 400포인트로 떨어진다는 의미다. 이런 생각을 하는 사람은 선견지명이 있다고 할 수 있다.

인간은 이성적이고 낙관적인 존재다. 그렇지 않으면 요즘 같은 주가 하락기에는 모두들 비관 자살할 것이다. 이와 같은 인간의 심리를 이용한 상품이 주식이다. 주식은 시장을 낙관적으로 보는 사람들이 있기에 거래가 성사된다. 잘 생각해보자. 일본 주가가 40,000포인트 가까이 치솟았다가 한순간에 8,000포인트로 떨어진 것은 아니다. 시간이 지나고 거품이 꺼지면서 사람들은 하나둘씩 팔기 시작했다. 38,000포인트에 판 사람도 있지만 30,000포인트에 산 사람도 있었으며 20,000포인트와 10,000포인트일 때도 마찬가지였다. 그때 판 사람은 언제 샀느냐에 따라 수익의 정도가 결정되지만 전체적으로 번 사람보다 잃은 사람이 더 많았다. 돈을 잃은 사람 중에는 다시는 주식시장에 발을 들여놓지 않은 사람도 많을 것이다.

일본은 세계 어느 나라보다 먼저 금융위기의 무서움을 맛보았다. 은행은 돈을 빌려주지 않고 갖고 있는 자산은 모두 폭락하는 사태를 나라 전체가 경험했다. 그러다 보니 일본인들은 90년대 초반부터 안 쓰고 안 먹는 근검절약이 몸에 배였다. 일본에 가본 사람은 한국보다 길거리에 돌아다니는 중형차와 외제차가 적다는 사실을 알 것이다. 잃어버린 20년 동안 일본 정부와 중앙은행은 온 갖 정책을 동원해 경기 회복에 나섰지만 한 번 추락한 경제는 좀처럼 회복되지 않았다.

호경기일 때 허영심이 확산되는 속도만큼 불경기에 움츠러드는 속도도 빨랐다. 월가에서 몇 억 원을 쉽게 벌던 동료들이 실직하고 1년 반이 지나도 직업을 찾지 못하는 경우가 허다하다. 멕시코에 서 불법 이주한 노동자들은 잔디 깎기부터 시작해 음식 배달까지 20년 넘게 막노동을 하며 잘 살아왔다. 그런데 경기침체로 해고당 한 화이트칼라들이 그런 일도 마다하지 않고 차지하는 바람에 불 법 노동자들에게 돌아갈 몫이 없어졌다. 결국 그들은 거리의 부랑 자가 되어 여기저기 떠돌며 살길을 찾아 헤매고 있다.

펀드투자의 모순

이런 얘기를 하는 이유는 생판 모르는 남에게 소중한 내 돈을 맡 기는 것이 얼마나 위험한 일인지를 알려주기 위해서이다. 얼굴도 모르고 이름도 모르는 펀드매니저에게 돈을 굴려달라고 맡기는 것은 매우 황당한 일이다. 그들은 돈을 잃어도 아무런 책임을 지지 않으며 돈을 잃거나 따거나 상관없이 일정한 수수료를 떼어간다. 채권은 이자가 들어오지만 줘도 되고 안 줘도 되는 배당금밖에 없 는 주식으로 운영되는 펀드가 과거 수익률을 운운한다는 것 자체 가 모순이다. 굳이 앞으로의 펀드 수익률을 예측한다면 80년대 말부터 지금까지의 일본 주가를 얘기하고 싶다. 손실률 80퍼센트다!

60~70년대 투자은행은 주식회사가 아니라 파트너 중심으로 운영되는 개인회사였다. 회사에서 하는 모든 사업의 자금이 파트너 계좌에서 나왔고 손해보면 고스란히 파트너의 몫이었기에 과도한 레버리지를 하지 않았다. 이들은 손익 구분이 명확해 직접 돈을 굴리는 사람이 이익과 손실까지 책임졌다.

80년대에 세계화로 많은 투자은행들이 파트너 체제에서 주식회사로 바뀌었고 자금을 조달하는 사람과 굴리는 사람이 나눠졌다. 돈을 조달한 사람은 이익이 나면 그중 일부를 돈을 굴리는 사람에게 주고 잃으면 가만히 앉아 손해본다. 반면에 돈을 굴리는 사람은 손해봐도 아무런 책임을 지지 않고 이익이 나면 많은 보수를 받는다. 돈을 굴리는 사람의 입장에서는 잃을 게 없기에 위험을 극대화할 수밖에 없다. 바보도 알듯 위험과 수익률은 비례한다. 과도한 레버리지로 위험부담률을 높이면 많은 돈을 벌 수 있는 반면에 크게 잃을 수도 있다.

내 돈은 내가 관리한다

1980년부터 2007년까지는 돈을 잃은 사람보다 번 사람이 더 많은 역사상 보기 드문 호황기였다. 중국을 비롯한 아시아 국가의 저렴한 노동력과 서구의 자본이 결합해 큰 이익이 났다. 일본은 처음 10년 동안 반짝했다가 이후 17년간 침체의 늪에 빠져 극심한 고통을 겪었다. 남에게 돈을 맡기면 이런 일이 벌어진다.

주식투자는 크게 어려운 일이 아니다. 설명만 잘 들으면 동네 할아버지도 쉽게 할 수 있다. 하지만 채권은 다르다. 채권은 이자율 계산을 비롯해 일반인에게는 다소 생소한 것이 많아 주로 기관투자자들이 한다. 주식 펀드와 채권 펀드 가운데 고른다면 채권 펀드에 투자하라고 권하고 싶다. 앞서 얘기했지만, 주식투자는 사람보다 침팬지가 더 잘한다.

지금 모든 시장이 파산하는 가장 큰 이유는 손익의 정당성이 확립되지 않기 때문이다. 자기 돈을 투자해서 이익이 나도 모두 내 몫이고 잃어도 모두 내 책임이라면 거품이 생길 리 없다. 주택시장도 마찬가지다. 내 돈은 10퍼센트만 투자하고 전세금과 은행 대출금을 합해서 집을 산다면 파산하더라도 내 돈은 10퍼센트만 잃고 90퍼센트는 남의 돈이기에 손실이 피부에 와 닿지 않는다. 이처럼 손익이 정당하게 분배되지 않은 시장에 투자하는 사람들이 늘어날수록 경제와 금융은 함께 몰락하게 된다.

내 돈은 내가 관리하는 것이 최고다. 내가 직접 투자하고 잘 모르면 은행에 예금하는 것이 안전하다. 만약 펀드에 투자한다면 펀드매니저가 많은 지분을 갖고 있는 펀드, 즉 돈을 잃을 경우 펀드매니저도 함께 망하는 펀드에 투자해야 한다. 가령, 내가 1억 원을 투자하고 다른 사람이 1억 원을 투자해 2억 원을 운용하면 손익의 절반은 내가 책임을 져야 한다. 펀드투자를 한다면 이런 펀드에 투자해야 한다. 불행히도 이런 펀드는 많지 않다.

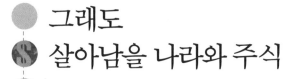

그래도
살아남을 나라와 주식

금융위기에서 살아남을 나라

일본은 전세계를 강타한 이번 금융위기의 여파를 피해갈 수 있
는 유일한 나라다. 일본은 국민들이 저축을 많이 해 나라에 돈이
많기에 이번 금융위기에서 얼마든지 살아남을 수 있다. 그렇다고
일본 기업들이 잘나갈 거라고 착각해서는 안 된다. 전세계가 불황
에 허덕이는데 일본 기업들이 어디에서 물건을 팔겠는가?

절약이 몸에 배인 일본인들은 세계적 불황에 더욱 안 먹고 안 쓸
것이므로 내수가 침체될 것이다. 이제까지 도요타와 소니의 주 고
객이었던 미국은 더 이상 물건을 살 돈이 없다. 하지만 일본은 지
난 20년간 폭락하는 주가와 침체된 내수시장에 익숙해져 피부로
느끼는 공황의 정도가 상대적으로 덜하다.

미국은 이미 나라 전체가 혼란에 빠졌다. 1억 연봉자에서 순식간에 실업자로 전락한 사람이 한둘이 아니고, 부부가 모두 직업을 잃고 온 가족이 목숨을 끊은 일도 벌어졌다. 세계적 공황에서는 MBA 학위도 의미가 없었다. 확고한 전문 분야를 가지고 있지 않는 소위 매니저나 세일즈맨들이 가장 먼저 해고됐다. 그래도 미국은 어떻게든 살아남을 것이다. 자원과 인력이 풍부하고 기술도 발달되어 있기 때문이다.

이번 공황에서 가장 위험한 나라는 중국이다. 잠에서 깨어난 지얼마 안 된 중국은 국가 경제에 세계 각국의 소비가 차지하는 비중이 높다. 제2차 세계대전 이후 미국에 의해 일본이 잠에서 깨어났고 일본에 의해 한국이 깨어났다. 그동안 중국은 엄청난 규모의 저렴한 노동력을 공급하며 세계의 공장 역할을 해왔다. 불황이 찾아오면 물건을 사는 나라는 덜 쓰고 덜 먹으면 되지만 물건을 파는 나라는 그야말로 속수무책이다. 중국의 어느 시에서는 한국을 비롯한 많은 나라의 공장 주인들이 노동자들의 밀린 임금을 떼먹고 공장을 버리고 달아났다. 물건을 팔 수 없으니 이런 극단적인 사태가 벌어진 것이다.

어렵기는 중남미 국가들도 마찬가지다. 이들은 자원이 풍부하지만 가격이 한창 때의 70~80퍼센트 수준으로 떨어져 수지타산이 맞지 않으며 많은 빚까지 지고 있다. 아르헨티나는 이미 한차례 국가부도 사태를 경험했으며, 브라질은 2003년부터 시작된 투기로 모든 것이 과열되어 있어 이번 금융위기로 침체의 늪에서 헤어나지 못하고 있다.

한국을 비롯한 대만, 싱가포르 등 아시아의 작은 나라들의 타격도 크다. 일본과는 달리 이들 국가들은 90년대 말 아시아 금융위기에서 회복한 뒤 과도한 소비를 한 터라 이번 금융위기를 어떻게 이겨낼지 자못 궁금하다.

유럽은 미국보다 더 하면 더 했지 덜하진 않을 것이다. 내가 월가에서 일할 때 그 많은 모기지 채권의 절반은 유럽에 팔았다. 그동안 유럽 은행들은 유럽의 회계법이 미국과 다르다는 이유로 여기저기에 손실을 숨겨왔다. 그러나 잠시 미루는 것일 뿐 영원히 숨기는 것은 불가능하며 결국에는 미국 이상으로 터질 것이다.

일본 엔화와 미국 달러화의 평가절상

지금까지 한 얘기를 뒷받침해주는 가장 강력한 증거는 일본 엔화의 평가절상이다. 일본이 빚이 없고 돈이 많은 것은 모든 사람이 알고 있다. 당분간 일본 제품의 해외 수출이 크게 줄어들겠지만 그게 어디 일본만의 문제겠는가.

금융위기로 모든 자산의 가격이 떨어지는데 반해 일본 엔화는 가파르게 상승하고 있다. 환율 전문가가 아니기에 자신 있게 말할 수는 없지만 일본 엔화는 앞으로도 계속 오르지 않을까 싶다.

미국이 유럽보다 낫다는 증거도 환율에서 찾을 수 있다. 한때 1유로화가 1.6미국 달러화였다가 6개월 만에 1.3으로 미국 달러화가 평가절상됐다. 이러한 미국 달러화의 평가절상은 원유가격의 폭락이 한몫했지만 근본적으로 유럽이 미국보다 상황이 나쁘다는 것을 시사한다.

영국의 파운드화는 어떨까?

영국은 미국의 주니어라고 해도 과언이 아니며 런던 금융가에서는 미국 월가와 같은 일이 자행됐다. 과도한 레버리지와 탐욕은 영국의 많은 은행을 채무 불능으로 만들어버렸다. 부동산 가격은 폭락할 것이 자명하고, 실업률 증가와 경제 침체는 영국 파운드화를 모든 화폐에 대해 평가절하시킬 것이다.

주식시장에서 살아남을 종목

그나마 주식시장에서 살아남을 종목은 무엇일까?

한국시장보다 미국시장을 더 잘 알기에 미국 주식을 중심으로 얘기하겠다. 우선 음식장사 중 싸고 많이 먹을 수 있는 종목은 살아남을 것이다. 피자나 햄버거 등 저렴한 가격에 많이 먹을 수 있는 식품업체들이 인기가 있을 것으로 보인다. 그러나 이런 종목들은 이미 주가가 오를 만큼 올랐기에 투자한 뒤 내려갈 가능성도 크다. 월마트 같은 싼 물건을 파는 회사의 주가도 이미 많이 올랐으며, 그나마 불황을 타지 않을 주식들은 사재기가 시작된 지 오래다.

부동산 관련 종목, 사치품, 전자제품, 자동차 관련 산업은 주가가 크게 떨어질 것이다. 평면 TV나 새 차를 사기보다는 갖고 있던 TV나 자동차를 고쳐 쓰는 시대가 올 것이다.

미국에서는 이미 2009년 1월 자동차 판매량이 작년 같은 때에 비해 30퍼센트 이상 떨어졌다. 불황이 장기화되고 실업률이 높아지면 이 수치는 더욱더 떨어질 것이다. 여기에 금융위기가 합세해 자동차 할부 시장을 타격하면서 든든한 직업과 현금이 없으면 융자를 받기도 힘들게 됐다.

그래도 미국보다 나은 나라는 없다

정부에서 돈을 푼다고 해서 잠시 분위기가 좋아진 듯하지만 크게 나아지진 않을 것이다. 최근에 만난 어떤 사람은 미국 정부만 살찌우지 말고 경제를 살찌우는 정책을 펴야 한다고 주장했다. 정치적 동기로 이끌어낸 정부 지출은 밑 빠진 독에 물 붓기나 다름없다. 돈은 엉뚱한 곳으로 흘러가고 효과를 찾아보기 힘들다. 2008년 말 통과된 750조 원 규모의 정부 지출도 절반 이상 투입되었지만 흔적도 없이 사라지고 은행들은 여전히 긴축하면서 돈을 풀지 않는다. 정부 돈을 받은 은행들은 경영진에게 수억 원 대의 보너스를 지불하기에 바쁘고, 새로 발탁된 재무장관이 제멋대로 세금 보고한 게 감사에 걸리는 바람에 간신히 상원에서 승인을 받았다.

오바마는 프랭클린 루즈벨트처럼 30년대 대공황에서 미국을 구원하거나 존 F. 케네디처럼 아버지가 일궈놓은 정치판에 다크호스처럼 등장해 초반에 기선을 제압한 대통령이 아니다. 미국인들은 단지 부시의 공화당 정권에 지쳐 오바마의 손을 들어줬을 뿐이며 아직까진 희망이 보이지는 않는다.

미국은 더 이상 예전처럼 강력한 기독교 국가가 아니다. 크리스마스 때 종교적 발언을 금하는 바람에 '메리 크리스마스' 대신 '해피 홀리데이'라고 인사해야 하는 나라로 전락했다. 과도한 소비와 사치로 감당할 수 없는 수준에 이른 미국은 정신 바짝 차리고 허리띠를 졸라매지 않으면 로마 꼴 날 것이 자명하다.

미국의 소비문화와 일본의 향락문화가 접목된 한국 역시 정신 바짝 차리지 않으면 살아남기 힘들다.

이런 형국에서 미국이 아닌 다른 나라가 세계의 주도권을 잡는다는 것도 예상하기 힘들다. 미국보다 상황이 나은 나라는 없다. 작금의 소비와 사치 풍조에 발을 들여놓지 않은 방글라데시나 파키스탄, 아프리카 등 여러 나라들은 미국과 나머지 나라를 구원하기 힘들다. 다 같이 망해도 미국이 중심이 될 것이고 다 같이 흥해도 미국이 중심이 될 것이다.

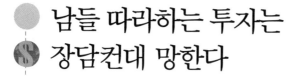

남들 따라하는 투자는
장담컨대 망한다

훌륭한 투자자는 수익률이 꾸준하다

군중심리는 이해하기 힘들지만 인간의 많은 활동을 지배한다. 특히 투자와 관련된 인간의 활동에서는 군중심리에 휩쓸리면 머리의 좋고 나쁨, 배움의 많고 적음에 관계없이 망한다.

시카고선물시장에서 잘나가는 한 트레이더는 왕년에 트럭 운전수였다. 그는 가방 끈도 짧고 머리도 그다지 좋지 못하지만 트럭을 운전하던 황소 같은 기세와 순발력으로 선물시장을 휘젓고 다닌다.

1998년에 파산한 LTCM은 옵션가격결정모형을 개발해 노벨상을 수상한 마이런 숄즈와 피셔 블랙을 비롯해 많은 학자들과 월가에서 이름을 날렸던 트레이더들이 있었지만 한순간에 주저앉았다. 그후 숄즈는 여러 학자들과 함께 다시 헤지펀드를 만들어 10여

년 동안 잘해오다 이번 금융위기로 휘청거리고 있다.

훌륭한 투자자는 시장의 좋고 나쁨에 관계없이 꾸준한 수익률을 유지한다. 가령, 10년 동안 매년 15퍼센트 수익을 올리다가 한 해 70~80퍼센트를 잃는다면 꾸준히 7~8퍼센트의 수익을 올리는 것보다 훨씬 나쁘다.

위험에 대한 이해가 필요하다

위험과 수익은 비례한다는 당연한 사실을 많은 사람은 제대로 이해하지 못한다. 위험과 수익의 관계를 이해하지 못하는 것은 프로들도 마찬가지다.

2007년 3월 파산한 베어스턴스 펀드매니저들은 CDO에 어떤 위험이 숨어 있는지 알았을까?

아시아의 펀드매니저들은 액면가 100인 CDO를 100에 사면서 자신들이 무엇을 사는지를 알았을까?

위험을 제대로 이해하고 있는 사람은 소수의 투자자들뿐이다.

위험을 이해한다는 것은 말처럼 쉽지 않다. 단순히 삼성전자가 좋아서 혹은 큰 회사라서, 남들이 사니까 덩달아 산다는 사람은 위험에 대한 이해가 전혀 없다. 회사의 재무 구조와 사업 형태, 원자재 가격, 완제품 가격의 변동, 경영진의 변화, 대주주의 구성은 물론 물건을 파는 나라의 미래 시장 전망까지 파악했을 때 위험을 이해했다고 할 수 있다.

일반인들은 이런 모든 정보를 파악하고 분석해서 결론을 내리기 힘들기 때문에 수수료를 내고 펀드에 가입하는데, 정작 펀드매니저들은 원숭이보다 투자 수익률이 낮다.

많은 사람이 참여하는 투자는 시간이 지날수록 수익이 줄어들 수밖에 없다. 처음에는 아는 사람이 많지 않아 수익률이 좋지만 이내 소문이 퍼지면서 돈이 몰리게 된다. 돈이 몰리면 실제로 회사의 수익률이 좋지 않음에도 몰리는 돈 때문에 주가는 올라가고 투자 수익률은 떨어지게 된다.

처음에 투자한 소수의 투자자들은 돈이 몰리고 주가가 올라가면 수익을 현금화하기 위해 팔기 시작한다. 이들은 돈을 벌고 빠져나오지만 나중에 가격이 오를 대로 오른 후에 투자한 다수는 대부분 돈을 잃는다.

이처럼 주식투자에 잘못 손댔다가 패가망신한 사람이 한두 명이 아니다. 위험에 대한 개념이 정립되지 않은 채 그저 남이 하기에 나도 한다는 생각으로 투자한 사람은 십중팔구 돈을 잃는다.

앞으로의 금융시장은 절대 과거 30년처럼 평탄하게 상승하지 않으므로 돈을 벌기보다는 잃을 확률이 더 높다. 군중심리에 휘말려 이리저리 쏠렸다가는 만날 막차 타고 돈을 잃기 바쁠 것이다.

주식투자를 하는 사람의 심리는 카지노에서 도박하거나 로또를 사는 사람의 그것과 다를 바 없다. 카지노처럼 주식시장에서도 종목이 좋으면 회사에 대해 알아본 뒤 기분으로 사는 사람들이 대부분이다.

카지노에서도 프로는 당연히 다르다. 상황을 분석하고 분위기를 파악하고 성공 확률을 계산하는 능력이 일반인에 비해 월등히 뛰어나다. 프로 투자자들은 소위 개미군단들이 몰리는 곳을 피하라고 말한다.

프로가 아닌 한 주식투자든 카지노든 조심하기는 마찬가지다. 돈에 눈이 멀어 남들하는 것을 좇아가기보다 나름대로의 위험에 대한 이해가 필수적이다.

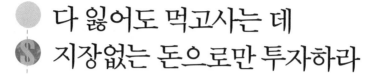

다 잃어도 먹고사는 데
지장없는 돈으로만 투자하라

주식투자를 하지 말아야 할 때

월가의 천재 투자전략가들과 경제학자들의 예상과는 달리 과거 100년간 주식시장은 많은 굴곡이 있었다. 시장 타이밍, 즉 가장 적절한 시기에 투자하고 빠져나오는 것은 불가능하다는 지론이다. 한 가지 확실한 것은, 인플레이션이 심각하거나 디플레이션일 때는 주식에 투자하지 말아야 한다.

1929년부터 1941년까지 계속된 미국의 대공황은 좋은 시사점을 준다. 20년대 잘나가던 주식시장과 주택시장은 이후 10년 동안 한 차례 질풍노도기를 거쳤다. 대공황기의 금융시장에는 하나의 사건이 아니라 여러 가지 현상이 종합된 폭풍이 몰아쳤다. 1929년부터 1932년 사이에 주가가 86퍼센트 폭락했다. 1만 개 이상의 은행이 도산하고 실업률은 25퍼센트까지 올랐다.

　많은 사람들은 현재의 상황이 30년대의 대공황에 비할 수 없다고 말하지만 개인적인 소견은 지금이 대공황 때보다 훨씬 심각하다. 대공황 시절에는 사태가 너무 심각한 나머지 당시 선출된 루즈벨트 대통령에게 독재에 가까운 힘을 실어줘야 한다는 의견이 분분했다. 제2차 세계대전으로 가까스로 대공황에서 벗어난 뒤 주식시장은 계속 상승했다고 생각하는 사람들이 많은데 이는 사실과 다르다. 제2차 세계대전이 끝나고 1946년 5월 말부터 1949년 6월 중순 사이에 주가는 30퍼센트 이상 곤두박질쳤다. 1956년 8월부터 1957년 10월 말 사이에도 주가는 22퍼센트 이상 떨어졌다. 1970년대에도 같은 상황이 벌어졌다. 주가가 50퍼센트 이상 곤두박질쳤다가 다시 상승해 10년 동안 제자리걸음을 했으며 2000년 초 최고조에 다다른 주가는 2003년 초까지 계속 떨어졌다. 운 나쁜 투자자들은 이 기간 동안 크게 돈을 잃었다.

군중심리에 휩쓸리면 패가망신한다

　주식시장은 항상 오르락내리락 해왔고 그러한 움직임은 앞으로도 계속될 것이다. 개인적인 의견으로 주식시장은 결국 떨어질 것이다. 이런 사실을 통해 우리는 어떤 교훈을 얻을 수 있을까?

　주식투자를 하려면 먹고살 돈은 남겨두고 잃어도 상관없는 돈으로 하라는 것이다. 주식으로 패가망신한 사람은 대부분 남에게 빌린 돈이나 먹고살 돈으로 투자했다. 사람들은 군중심리에 휘말려 남이 돈을 벌었다는 소리를 들으면 가만히 있지 못하고 잃더라도 돈을 투자한다. 이런 심리를 제어할 수 있는 사람이 진정한 투자자다. 재미있는 것은 남이 돈 벌었다는 소리만 들리고 주식으로 패가망신했다는 소리는 들리지 않는다는 사실이다.

월급쟁이를 예로 들어보자. 매월 300만 원을 버는데 주택융자금 100만 원을 갚고 생활비 100만 원을 제하고 나면 100만 원이 남는다. 엄밀히 따지면 나머지 100만 원도 남은 돈이라고 볼 수 없다. 주택융자금 이자가 최소 5퍼센트 이상이므로 남은 100만 원을 투자해서 적어도 5퍼센트 이상의 수익을 올려야 현명한 투자자다. 이런 사람은 주식에 투자해서는 안 되며 남은 100만 원으로 주택융자금을 갚는 게 좋다.

이번에는 매월 300만 원을 버는데 전세로 살기에 주택융자금이 없다고 해보자. 이 경우 생활비를 제하고 남은 돈이 바로 여윳돈이다. 그러면 혹자는 이렇게 반문할 것이다. 주택융자금이 있는 사람은 주식투자를 하지 말아야 한다는 소리인가? 답은 그렇다.

이유는 위에 설명했듯이 주식시장은 최고조에 달했다가 한순간에 떨어지기 때문이다. 채무가 있는 상황에서 주식투자를 하는 것은 도박장에서 블랙잭을 하는 것과 같다. 따라서 주택융자금이 남아 있으면 주식투자를 해서는 안 된다. 정 투자를 하고 싶다면 집을 팔아 융자금을 갚은 뒤 하는 것이 현명하다. 한쪽에서 돈을 빌려 다른 한쪽에서 투자해 이익을 내겠다는 잘못된 생각이 작금의 금융위기를 불렀다. 빚 없고 먹고살 돈을 제하고 남은 돈으로 투자했다면 지금 같은 금융공황은 없었을 것이다.

그렇다고 대출 자체가 나쁜 것은 아니다. 큰 사업에 투자하거나 국가 기간산업을 육성하는 등 대규모 사업을 할 때는 많은 자금이 필요하므로 대출이 반드시 필요하다. 하지만 투기를 위해 돈을 빌리는 것은 바람직하지 못하다. 전문가들은 레버리지를 일으켜 투자를 하지만 일반인들에게는 위험천만한 일이다. 특히 다가오는 10년은 격동의 시대가 될 것이므로 남의 돈을 빌려 투자하면 패가 망신하기 십상이다.

현명한 투자자의 4가지 조건

주식투자를 할 때는 첫째, 여윳돈으로 해야 한다. 먹고살 돈을 제하고 남은 돈으로 투자하면 돈을 잃더라도 마음고생을 하지 않는다. 빌린 돈으로 투자했다가 잃으면 며칠 동안 잠도 제대로 못 자고 얼마나 가슴이 아픈지 모른다. 밥을 먹어도 모래알을 씹는 기분이고 물을 마셔도 약처럼 쓰다.

둘째, 주식투자할 때는 주가의 오르내리는 폭보다 돈의 흐름에 주목해야 한다. 채권은 이자를 받고 나중에 원금을 받는다. 중간에 시장 변동으로 채권 가격이 변하더라도 채권에 투자한 돈의 흐름은 바뀌지 않는다. 이에 반해 주식은 돈을 주겠다는 아무런 약속 없이 투자하는 도박성 상품이다. 그러므로 투자를 할 때는 주식과 채권을 적절히 배분하는 것이 현명하다. 지금 같은 경기침체기에는 채권 70퍼센트, 주식 30퍼센트 비율로 투자하는 것이 적절하다. 곧 은퇴할 사람이라면 100퍼센트 채권에 투자해야 한다.

셋째, 투자하고 한동안 잊어버려야 한다. 매일 투자한 주식만 쳐다보며 안절부절못하고 있으면 머리가 터질 것이다. 종잇조각에 불과한 주식에 매여 인생을 허비할 필요는 없다.

마지막으로, 어느 정도의 위험부담을 감내할 수 있는지 시간을 두고 테스트해봐야 한다. 이것은 사람마다 다르다. 어떤 사람은 투자금의 10퍼센트만 잃어도 다리가 후들거리는가 하면, 또 어떤 사람은 30~40퍼센트 손실도 거뜬히 견뎌낼 수 있다. 자신의 한계가 어디까지인지를 알아야 투자에 성공할 수 있다.

다시 한 번 말하지만, 2003년부터 2008년 초까지 계속됐던 주식시장의 황금기는 절대 오지 않는다. 그때의 수익률은 머릿속에서 깨끗이 지워버리고 30년대 대공황, 70년대 석유파동, 80년대 말의 일본 주가 폭락을 기억하기 바란다. 최악의 상황에 대비하는 사람이 현명한 투자자다.

정부 정책,
믿을 게 못된다

시카고학파 경제학자들의 잘못된 이론

2008년 말 메릴린치가 뱅크오브아메리카에 인수되기 직전, 직원들에게 3조 원이 넘는 보너스를 지급했다고 해서 큰 논란이 됐다. 뱅크오브아메리카는 정부에서 20조 원이 넘는 자금을 지원받아 구원에 나섰는데 정작 합병될 회사는 모회사의 승인도 없이 돈을 마구 나눠주었다. 당시 메릴린치 경영진 4명에게 돌아간 돈만 1,200억 원이 넘었다. 메릴린치의 CEO이자 한때 골드만삭스의 경영자였던 존 테인(John Thain)은 회사가 어려운데도 10억 원 이상을 들여 자기 사무실을 치장했다. 나중에 이 일이 문제되자 그 돈은 자신이 부담하겠다고 말했다.

2009년 2월 중순 미 하원의 청문회에서 의원들은 미국 정부에서 돈을 받은 거대 은행들의 CEO를 불러놓고 질문 공세를 퍼부었다. 하원의원이 "AIG와 당신 회사가 CDS를 거래할 때 상호간에 담보를 확실히 하지 않았습니까?"라고 묻자 CEO는 "물론 했지요. 우리 회사는 담보 없이는 절대 거래하지 않습니다. 그리고 우리 회사는 항상 리스크를 최대한 줄이려고 노력합니다."라고 답변했다. 나는 질문하는 하원의원이나 동문서답하는 CEO나 CDS에 대해 제대로 이해하고 있는지 궁금했을 따름이다.

이런 예시를 드는 이유는 2009년 2월 중순 800조 원에 가까운 돈을 푼 정부 정책이 효과를 얻지 못할 수밖에 없는 증거를 제시하기 위해서다. 인간은 이기적인 존재다. 남이야 어떻게 되던 나만 잘 먹고 잘 살며 내 자식만 좋은 대학에 가고 좋은 직장에 취직하면 그만이라고 생각한다. 지난 30년간 지속돼온 금융시장의 복잡한 구조와 이리저리 꼬인 채무관계는 결국 인간의 이기심을 부추긴 시장경제의 산물이다.

대표적인 시카고학파 경제학자인 밀턴 프리드먼은 대공황이 오랫동안 지속된 이유로 정부의 소극적 대처를 꼽으며 정부의 간섭을 없애야 한다고 주장해왔다. 이에 80년대 레이건 대통령과 조지 슐츠 국무장관, 그리고 앨런 그린스펀의 지지를 배경으로 모든 산업의 규제를 풀어주고 마음껏 경쟁하며 힘센 회사가 더 많이 먹는 시장경제를 건설했다. 그의 주장대로라면 지금과 같은 금융위기에도 시장이 알아서 하도록 내버려둬야 한다. 그런데 방탕한 아들이 흥청망청 쓰고 다닐 때 수수방관하다가 파산 직전에 이르면 부모가 나서서 구원해야 한다는 이론이 과연 옳은가?

시카고학파 경제학자들의 이론 자체가 모순된 이상 거기서 공부한 경제학도들의 주가는 추락할 것임에 분명하다.

복잡해질 대로 복잡해진 경제

나의 첫 보스이며 존 베이츠 클락 메달을 받은 샌포드 그로스먼 (Sanford Grossman) 교수는 나에게 주식은 투자할 것이 못된다고 개인적으로 암시를 주었다. 이분은 경제학자 중에서 가장 돈이 많다고 해도 과언이 아닐 만큼 어마어마한 재산을 보유하고 있다. 그는 많은 회사의 이윤을 극대화하는 방법과 CEO의 행동을 연구한 뒤 주식은 소유할 것이 못 된다고 결론 내렸다. 그래서인지 수천억 원에 이르는 그의 재산 중 주식은 단 한 주도 없었다. 내가 주식에 대해 부정적인 이유도 그의 영향을 받은 게 아닌가 싶다.

정부 정책이 제대로 먹혀들지 않는 가장 중요한 이유가 여기에 있다. 이는 앞서 설명한 메릴린치의 예를 보아도 알 수 있다. 지금은 바닥에 이른 메릴린치에 아시아의 펀드들은 수조 원씩 투자했다. 메릴린치는 그 많은 돈을 어디에 썼을까?

회사가 잘나갈 때는 수억 원을 들여 파티를 해도 크게 문제되지 않았지만, 파산하고 정부 산하로 들어간 뒤에도 회사 중역들은 회의와 고객 접대를 핑계삼아 놀러 다니며 수천만 원짜리 마사지를 받았다. 미 의회는 계속 경고하지만 메릴린치와 AIG는 콧방귀만 뀔 뿐이다.

사실 대공황 때는 정부에서 몰라서 못한 부분이 많았다. 루즈벨트는 삽을 들 수 있는 사람은 모두 불러 모아 일을 시킨 후 정부 돈으로 임금을 지급했다. 정부의 직접 개입으로 일자리가 없는 사람에게 일을 주고 고용을 창출했다. 지금의 미국 정부도 이런 일을 할 수 있을까?

미국 정부도 이제는 복잡해질 대로 복잡해져 어디에 썼는지를 추적할 수 없는 돈이 연간 100조 원이 넘는다. 대공황 때는 정부가 100원을 쓰면 100원의 효과가 나타났지만 지금은 그것조차 회의적이다. 그래도 다른 나라에 비해 미국은 공무원들이 상대적으로 덜 타락했다고 하지만 인간의 끝없는 탐욕은 미국인이라고 예외는 아니다.

국가나 기업이나 마찬가지겠지만 처음 시작하거나 한창 발전할 때는 왕과 신하들 간에 사이가 좋고 모든 일이 일사분란하게 진행되어 효율이 높다. 그러나 어느 정도 기강이 잡히고 조직화되면 서로 자기 앞가림하기에 바쁜 나머지 일이 제대로 이뤄지지 않아 비효율적인 집단으로 전락하게 된다.

지금의 미국, 아니 세계 경제가 그런 상황에 처해 있다. 이런 상황이 지속된다면 세계 경제는 쉽게 무너질 것이다. 2009년 2월 중순 현재, 중국은 수출이 17.5퍼센트 감소했고 일본은 GDP가 12.7퍼센트 떨어졌다. 70년대 석유파동 이후로 일본의 GDP가 이처럼 크게 하락한 적은 없다.

안전한 채권에 투자하라

위험이 없으면 수익도 없다

2008년 12월 발발한 세계 최고의 다단계 사기 사건에 이어 2009년 2월 17일 미국에서는 또 다른 다단계펀드의 정체가 드러났다. 이번 다단계 사기 사건의 피해액은 8조 원으로 메도프 사건의 50조 원에 비하면 규모가 작다.

2008년 여름부터 미국 증권거래위원회에서 조사 중이었던 이 펀드는 신기하게도 이제까지 한 번도 잃지 않고 매년 10퍼센트 이상 꾸준하게 수익을 냈다. 더욱 이상한 것은, 2008년 수익률이 마이너스 1.5퍼센트로 다른 펀드에 비해 월등히 뛰어났다는 점이다.

이 펀드는 고객들에게 유동성이 큰 금융상품에 투자하므로 언제든지 현금화할 수 있다고 선전한 뒤 실제로는 부동산이나 사모

투자(PE ; Private Equity)처럼 유동성이 낮은 곳에 투자했으며, 과거의 수익률을 조작해 투자자들을 유혹했다. 〈포브스*Forbes*〉가 선정한 미국 600대 부자 안에 포함되는 이 펀드의 주인은 이번 사건으로 빈털터리 내지는 채무자가 됐을 것이다.

다단계판매는 한국과 90년대 공산주의에서 자본주의로 전환한 소련에서 크게 성행했다. 국제통화기금의 보고서에 의하면, 다단계판매는 교육수준이 낮은 사회가 물질만능주의에 빠졌을 때 많이 발생한다고 하는데 이는 논리적으로 모순된다.

작년 연말에 터진 메도프 사기 사건이나 이번 다단계 사기 사건은 교육수준이 높고 경제적으로 부유한 사람도 다단계에 걸려들 수 있음을 보여준다. 결국 다단계판매는 교육수준의 높고 낮음과 돈의 많고 적음에 관계없이 큰돈을 벌고 싶어하는 인간의 탐욕을 이용한 것이다. 그러나 위험을 부담하지 않으면 높은 수익을 얻을 수 없다는 것은 동서고금을 막론하고 통하는 진리다.

배운 게 도둑질이라고 이제까지 나는 하루에도 10퍼센트 이상 오르내리는 위험이 큰 상품을 주로 거래해왔다. 이런 상품은 잘못하면 순식간에 본전을 모두 날리고 빈털터리가 될 가능성이 크다. 위험을 부담하지 않고 10퍼센트 이상의 수익을 올리는 것은 불가능하다. 간단하게 생각하면 10퍼센트를 벌 수 있다면 10퍼센트를 잃을 가능성도 있는 것이다. 지금 같은 금융위기에는 잃을 가능성이 더 높다.

혼란기에는 원금 보전이 최고의 투자다

이런 상황을 감안해 나는 한국 투자자들에게 채권에 투자하라고 권하고 싶다. 한국은 채권시장이 크게 발달하지 않아 기업들은 채권시장보다 은행 대출을 통해 자금을 조달한다. 그래서 반드시 채권에 투자해야 하는 생명보험사들은 해외 채권에 많이 투자한다.

채권은 투자 기간 동안 일정한 이자를 주고 만기에 원금을 돌려준다. 도중에 투자한 회사가 파산하거나 혹은 경영이 악화돼 이자를 지급하지 못할 수도 있지만 그런 경우 채무자들이 우선권을 가진다. 담보를 내걸고 채권을 발행했을 때에는 돈을 돌려받을 확률이 더욱 높다. 이러한 채권은 만기가 언제인가에 따라 짧게는 1년, 길게는 10년을 기준으로 이자율을 정한다. 만기가 길면 길수록 위험부담이 크기에 더 많은 이자를 요구한다. 또한 채권은 신용평가사의 평가등급에 따라서도 이자율이 달라진다.

앞으로 한국도 많은 외국 펀드들이 진출해 여러 가지 채권을 판매하게 될 것이다. 채권 펀드는 여러 종류가 있다. 우선 가장 안전하지만 1퍼센트에서 5퍼센트대로 수익률이 낮은 미국 국채 펀드가 있고, 3퍼센트에서 6퍼센트로 수익률은 높지만 위험이 큰 미국 회사채 펀드가 있다. 또 주식과 맞먹을 정도로 위험이 크지만 그만큼 높은 수익을 내는 개발도상국 채권 펀드와 정크본드 채권 펀드가 있다. 개발도상국 채권 펀드와 정크본드 채권 펀드는 10퍼센트 이상의 수익을 낼 수 있는 반면 잃을 가능성도 매우 높다.

금융이론에는 위험부담이 없는 이자율이 있다. 통상적으로 중앙은행이 책정한 은행 간의 1일 이자율이 이에 해당되는데, 현재 미국은 0퍼센트에 가깝다. 간단히 말하면, 이 이자율 이상의 수익을 보장한다면 이는 다단계펀드라 해도 무방하다.

요즘처럼 금융시장이 혼란스럽고 기업과 은행이 연쇄도산을 할 때는 이자가 적더라도 은행에 저축하는 것이 가장 안전하다. 모든 자산 가격이 끝없이 추락할 때는 원금 보전이 최고다. 집과 주식이 없고 전 재산을 은행에 넣어둔 사람은 위험이 제로에 가깝다.

이제 금융상품에 투자해서 돈 벌었다는 말은 더 이상 통하지 않는다. 월가가 회생 불가능한 공룡 무덤으로 변했다는 데 많은 전문가들이 동의하고 있다.

더 이상의 소비문화는
회복할 수 없는 파멸을 부른다

인간의 탐욕을 통제할 수 있을까

〈오토바이 일기〉라는 남미 영화가 있다. 남미에 공산주의를 전파한 이 영화는 쿠바를 공산화하는 데 결정적 역할을 한 체 게바라(Che Guevara)에 대해 다룬다. 체 게바라는 의대를 휴학하고 아르헨티나부터 멕시코까지 남미 전역을 오토바이로 여행하며 지독한 가난과 빈부격차를 알게 됐다. 유일한 해결책은 무력으로 공산화하는 길밖에 없다고 생각한 그는 쿠바로 건너가 10대 1로 숫적인 열세에도 불구하고 전투를 승리로 이끌었다. 그후 쿠바와 소련 간의 관계를 돈독히 하고 케네디를 벌벌 떨게 만든 쿠바 핵미사일 기지의 건축을 추진했다. 결국에는 볼리비아의 공산화를 위해 게릴라로 싸우다가 미국 CIA에 의해 사살됐다. 남미 공산국가에서 그는 최대의 영웅이며 혁명을 상징하는 흑백의 베레모를 쓴 그의 얼굴이 그려진 셔츠를 여기저기서 볼 수 있다.

공산주의는 결정적으로 인간의 탐욕은 어떤 형태의 정부에서도 통제 불가능하다는 점을 무시했으며 동기부여가 결여됐다. 동기부여가 충만하고 경제활동의 자유가 보장되는 자본주의조차 이 지경에 이르렀으니 공산주의는 실패했다고 봐도 큰 무리는 없다.

자본주의 경제학에 따라 국제통화기금과 세계은행은 개발도상국들에 자금을 지원하고 여러 가지 경제자문을 했다. 하지만 안타깝게도 가난한 나라는 더욱 가난해지고 부자 나라는 더욱 부유해져 빈부격차만 심화됐을 뿐 관료들의 부정부패를 막지 못했다.

60년대 미국으로 돌아가라

어떤 형태의 사회와 경제가 가장 살기 좋을까?

나는 60년대 미국이 인류 역사상 가장 살기 좋은 시절이라 생각한다. 당시 미국은 흑인과 백인 사이에 인권 문제로 충돌이 있었지만 민주주의와 자본주의, 그리고 기독교 사상이 적절히 조합돼 이상적인 국가를 형성했다.

목사를 양성하기 위해 18세기에 설립된 아이비리그를 비롯해 여러 학교에서 많은 인재를 배출했고 집값과 물가가 낮았다. 일요일이면 대부분의 사람들이 가게 문을 닫고 교회에 가서 자신의 죄를 회개했으며 많은 선교사들을 여러 나라에 보냈다. 그때는 사람들이 주식이 뭔지도 몰랐으며 그저 노동해서 얻은 대가에 만족하며 하루하루를 살아갔다. 공산주의보다 그때의 미국이 노동을 더 중시했으며 노동자의 임금이 중산층 수준을 유지해 먹고사는 데 큰 문제가 없었다.

인간의 무력함을 드러내지 않고 부의 분배가 이뤄지는 곳은 교회밖에 없다. 교회 안에서는 모든 인간이 창조자 앞에 평등하고 모든 것을 사랑으로 나눠 갖는다. 부자는 자기를 드러내지 않고 재산을 기부하고 가난한 자 역시 자존심을 내세우지 않는다. 교회는 사실상 개인의 사적 소유권이 인정되지 않는다. 4,000년 인류 역사에서 기독교의 이러한 사상이 국가 차원에서 실현된 유일한 곳이 60년대 미국이었다.

그런 미국이 80년대 세계화와 이민, 그리고 물질 만능주의에 빠져 지금은 다른 나라와 마찬가지로 어떻게 하면 쉽게 먹고살 수 있을지를 궁리하는 처지로 전락했다. 전세계 각지에서 다양한 인종들이 들어와 본연의 국가사상이 퇴색되었으며 인간성과 도덕성도 크게 타락했다. 여전히 무기 강국이고 막강한 힘을 보유하고 있지만 더 이상 미국은 세계의 큰 형님이 아니다.

돈의 거짓말에 속지 마라

20세기 초 척박한 조선 땅에 기독교를 전파하고 병원과 학교를 세워준 선교사들 덕분에 100년 후 대한민국은 세계 10대 강국으로 우뚝 섰다. 그러나 미국처럼 한국도 물질 만능주의에 **빠졌다**. 특히 외환위기를 극복한 뒤 사람들은 다시 흥청망청 써대며 사치와 낭비를 일삼아온 것은 부인할 수 없는 사실이다. 미국의 젊은이들과 마찬가지로 한국의 젊은이들도 더 이상 패기와 열정이 없으며 쉽고 편하게 사는 방법을 찾고 있다.

일본이 자살률이 높고 출산율이 낮은 이유는 90년대의 잃어버린 10년 이후 불황과 침체의 늪에 빠져 희망 없는 삶을 맛보았기 때문이다. 그때부터 20년간 일본 정부는 갖은 방법을 동원했지만 경제는 살아나지 않았으며 오히려 12퍼센트 이상 축소됐다. 이제 도요타의 렉서스도 소니의 브라비아(Bravia)도 과거처럼 많이 팔리지 않을 것이다.

지난 30년 동안 전세계는 돈의 거짓말에 농락당했다. 먹고사는 것에 만족하지 않고 돈을 불려 자아를 만족시키는 바보 같은 짓을 반복해왔던 것이다.

새마을정신으로 돌아가라

새벽종이 울렸네, 새아침이 밝았네.

너도나도 일어나 새마을을 가꾸세.

살기 좋은 내 마을 우리 힘으로 만드세.

이 노래는 70년대 한국 사회를 강타한 새마을운동의 주제가로 박정희 대통령이 직접 작사 작곡했다고 한다.

나는 1994년 미국으로 건너온 뒤 2008년 15년 만에 나간 한국은 너무 많이 변해 있었다. 좁은 도로는 중형차들이 장악하고 있었고, 서울 강남역 부근은 그야말로 사람들로 인산인해를 이뤘다. 젊은 이들이 책을 읽지 않고 하루 종일 인터넷이나 들여다보는 세상이 과연 인간을 행복하게 만들까? 부모들이 사교육비와 빚에 허덕이 는데 과연 훌륭한 학생이 나올 수 있을까?

미국에 유학온 고등학생들이 말하기를 요즘 한국은 돈이 없으면 공부할 수 없다고 한다. 돈이 없어 사교육을 못 받은 학생은 뒤떨어질 수밖에 없다고 하는데 1980년대만 해도 상황이 이렇게 심각하지는 않았다. 프로스펙스 운동화 한 켤레를 사면 2년은 족히 신었고 친구들 사이에서 선망의 대상이 됐다. 70년대에는 미국도 자동차 한 대를 사면 고치고 또 고쳐서 20년은 탔으며 가구도 대부분 수십 년 이상 썼다.

그런데 언제부터인가 일단 빚을 지고 사고 나중에 갚는다는 사고방식이 통용되기 시작했다. 이런 사고방식이 미국은 80년대부터, 한국은 90년대부터 성행했다. 현재 미국 정부의 정책이 잘못된 이유도 돈을 더 풀어야 경제가 살아난다고 생각하기 때문이다. 그동안 돈을 너무 많이 풀어 경제가 이 지경에 이르렀는데 돈을 더 풀면 어떻게 되겠는가? 이제는 허리띠를 졸라매고 저축하라고 권해야 한다. 70년대에는 열심히 일해서 번 돈을 저축했으며 저녁에는 일찍 귀가해 가족과 함께 보냈다.

쉴 때가 있으면 일할 때도 있다

지금의 위기를 극복하려면 박정희 대통령 시절처럼 강력한 정부의 규제가 필요하다. 인간은 스스로 자제할 수 없으며 가만히 놔두면 결국에는 폭발한다. 자유롭게 경제활동을 하라고 풀어줬더니 30년 동안 모두 말아먹고 정부에게 구원의 손길을 보내고 있다.

그런데 정부는 왜 처음부터 적절한 제제를 하지 않았을까?

시카고학파는 작금의 금융위기에 대한 책임을 지고 물러나야 한다. 그들이 정부는 간섭하지 마라, 시장경제가 효과적이다, 하는 주장을 펼쳐 세계 경제가 이 지경에 이르렀다 해도 과언이 아니다. 퇴폐향락과 무분별한 소비, 그리고 투기는 시장경제가 양산한 무서운 병마다. 그렇다고 공산주의처럼 무조건 규제하고 억압하는 것도 바람직하지 않다. 상황에 맞는 적절한 규제가 필요하다.

중국의 고전에는 〈중용〉에 나와 있으며 성경에는 솔로몬 왕이 쓴 〈전도서〉에 이에 관한 내용이 설명되어 있다. 쓸 때가 있으면 저축할 때도 있으며, 쉴 때가 있으면 일할 때도 있게 마련인데 인간의 끝없는 탐욕은 항상 쓰려고 하고 쉬려고만 한다.

한탕주의를 버려라

장담컨대, 앞으로 30년은 매우 살기 힘든 시기가 될 것이다. 우리 세대가 많이 쓰고 소비한 까닭에 다음 세대가 그 짐을 고스란히 떠맡게 될 것이다. 인류 역사상 가장 풍족한 시대인 90년대에 태어난 사람들이 성인이 되는 2010년 이후에는 수출이 줄어들고 일자리가 부족해 경쟁이 매우 치열할 것이다. 60~70년대에 태어난 지금의 40대들은 가난하고 못 살았던 어린 시절의 기억 때문에 자식에게는 원하는 것을 모두 해주려 하는데, 지금이라도 늦지 않았으니 생각을 고치는 게 좋다.

앞으로 10년, 20년 후에는 지금보다 훨씬 살기 힘들 것이므로 과거에 잘살았던 때처럼 살려고 해서는 안 된다. 생활수준을 높이기는 쉬워도 낮추기는 힘들다. 구멍 난 양말을 기워 신고 자동차도 굴러가는 한 고쳐서 계속 타야 한다. 의식 있는 부모라면 아이들의 인터넷 사용 시간을 줄이고 책을 읽고 생각하는 시간을 늘려야 한다. 책을 많이 읽고 생각을 많이 하는 아이들이 공부를 잘하는 것은 두말할 필요도 없다.

지난 30년 동안 우리는 부동산이나 주식 투기, 소위 한탕해서 번 돈으로 원하는 것을 모두 누리며 살았다. 그래서 행복했는가?

앞으로 그런 행복은 다시 맛볼 수 없을 것이다. 주식은 말할 것도 없고 자산이란 자산은 모두 가격이 떨어지며, 많은 빚을 내서 집을 갖고 있는 사람은 큰 고난을 겪게 될 것이다.

월가에서 한껏 부풀려놓은 돈의 거짓말은 빈부격차를 확대하고 인간의 탐욕을 극대화했다. 지금이라도 늦지 않았다. 한탕주의를 버리고 열심히 일해서 번 돈으로 먹고사는 새마을정신으로 돌아가야 한다. 앞으로 30년 동안 근검절약해서 다 함께 잘 먹고 잘 사는 시대를 만들어야 한다.

돈에 관한 환상을 버려라!

2009년 2월 21일, 컬럼비아대에서 열린 저녁 회담에서 헤지펀드의 대부 조지 소로스는 이번 금융위기가 레이건 대통령 시절부터 계속된 시장경제에 종지부를 찍었다고 말했다. 그동안 효율적이라고 생각해왔던 금융경제는 많은 문제점을 드러내며 무너질 수밖에 없다고 했다. 자타가 공인하는 투자의 대가가 이 책의 요지를 인증해준 것이다.

앞으로 금융시장에 어떤 일이 일어날지는 아무도 모른다. 변동환율제에서 고정환율제로 바뀔 수 있고, 주식시장의 붕괴로 더 이상 연기금이 운영되지 못할 수도 있다. 연기금이 채무 이행을 못하면 정부가 나서야 하는데, 국민의 세금으로 운영되는 정부 또한 밑빠진 독에 물 붓기처럼 한없이 방어해줄 수는 없다.

트레이더의 직감에 따르면, 이번 위기는 정부 능력으로 막기 힘들다. 80년대에 시작된 자산 가격의 폭등은 이미 정부가 감당하기 힘든 지경에 이르렀다.

물론 내가 틀릴 수도 있다. 나의 한쪽 마음에서는 내가 틀리기를 바라고 있다. 하지만 정부라는 조직이 비효율적인 데다 무분별한 소비를 부추기는 행위가 모순처럼 보인다. 마치 마약 중독자에게 계속 마약을 주며 막다른 곳까지 몰고 가는 것과 흡사하다. 마약 중독을 치료하기 위해 마약을 끊으면 처음에는 매우 괴로워하지만 그 시기가 지나면 치료의 효과가 나타나기 시작한다.

정부는 국민의 생존을 보장하는 방향으로 정책을 펴되 소비를 부추겨서는 안 된다. 국민들에게 직접적으로 필요한 것을 공급하되 현금을 직접 공급해서는 안 된다. 이제 시장경제는 끝났으며, 다음 세대는 시장경제가 남긴 문제들을 해결하느라 엄청나게 고생을 해야 할 것이다.

더욱이 지금의 10대, 20대는 잘 먹고 잘 살며 풍족하게 자란 지라 다가오는 30년이 더욱 힘들 것이다. 지금이라도 늦지 않았으니 다시 허리띠를 졸라매고 불필요한 소비를 줄여야 한다.

그 어느 때보다 정부의 강력한 규제가 필요하다. 나는 박정희 대통령이 훌륭한 대통령 가운데 한분이라 생각한다. 21년간 장기 집권한 필리핀의 마르코스(Ferdinand Edralin Marcos) 대통령처럼 국민들은 굶어죽는데 자기 배만 채운 사람은 바람직한 강한 지도자가 아니다. 박정희 대통령 시절 민주화와 언론탄압이 심했다고 불만인 사람도 있지만 그런 시국이 어지러운 시기에 나라를 이끌어가려면 피할 수 없는 선택이었을 것이다.

또한 나는 60년대 미국 정부가 효율적인 정부 형태라고 생각한다. 당시의 미국 정부는 공산주의자를 색출하고, 산업을 규제해 균형적인 발전을 도모했으며, 못 사는 사람들을 지원했다. 그러나 지금의 미국 정부는 제 잇속을 챙기기에 바쁜 정치인들과 그에 연결된 사업가들의 집단일 뿐이다.

이 책을 통해 돈에 대한 환상이 깨졌기를 바란다. 또한 많은 젊은이들이 금융시장에 대한 환상을 버리고 근면성실하게 사는 것만이 유일한 생존의 길이라는 사실을 자각하기를 바란다.

현명한 투자자가 알아야 할 금융용어

● **글래스스티걸법**(Glass Steagall Act)

1933년 대공황 때 생겨서 1999년에 국회에서 철폐된 법안이다. 이 법안은 대공황을 불러일으킨 과도한 투기를 막기 위해 상업은행과 투자은행의 독립을 법으로 만들었던 것이다. 그러나 1999년 이 법이 없어지자마자 모든 상업은행이 앞다투어 투자은행을 만들었고 급기야는 작금의 금융위기를 만들어냈다. 상업은행은 일반인의 예금을 받아서 돈을 굴려 이득을 냈지만 투자은행은 일반인이 아닌 기관투자가들의 돈을 받아 굴렸기에 상업은행에 비해서 규제가 덜했고 훨씬 빨리 돈이 되는 곳에 투기를 할 수 있었다. 1999년 이 법의 철폐는 상업은행을 중심으로 한 로비그룹의 승리라고 볼 수 있다. 상업은행은 굶주렸던 늑대처럼 투자은행이 하던 일들에 몰려들었고, 결과는 과열된 자산 가격과 무분별한 베팅뿐이었다.

● 대출채권담보부증권(CLO, Collateralized Loan Obligation)

주택저당담보부다계층증권(CMO)과 같은 개념이나 M(Mortgage, 주택담보 대출) 대신에 L(Loan, 일반 대출)이다. 일반 대출은 이론상 어떤 것이든 가능하다. 보통은 상업 융자를 담보로 만든다. 미국 회사들은 주식도 발행하지만 은행에서 대출을 받아 운영하는 경우도 많이 있다. 그럴 경우 은행은 그 대출을 안고 있는 것이 아니라 대출채권담보부증권(CLO)으로 팔아버린다. 부채담보부증권(CDO)과는 달리 CLO에 담보로 있는 대출들은 약관 및 여러 조항들이 개개 회사에 따라 독특한 경우가 대부분이다. 결과적으로 CLO는 CDO에 비해 일관성이 부족하여 공개 거래보다는 기관과 기관 사이에서 사적으로 거래하는 경우가 많다.

● 레버리지(Leverage)

레버리지에 관해서는 금융가에서도 아직 이해가 부족하다. 금융상품, 자산의 가격과 레버리지, 유동성의 상관관계는 실무에서 일해보지 않은 사람들은 이해할 수가 없다. 레버리지는 시장이 안정적이고 서로 돈을 꿔주고 빌리는 일이 활발할 때 많이 일어난다. 어떤 기관이나 투자자는 돈을 꿔서 자산을 사고 위험부담을 더해 자산의 가격 상승을 기대하는가 하면 어떤 이들은 돈을 꿔주고 작은 이자를 받는 것에 만족하기도 한다. 일반적으로 레버리지는 위험하다. 사실상 프로나 레버리지를 사용해야지 아마추어는 절대 사용해서는 안 된다. 레버리지는 투기를 부추기며 자산가격의 무분별한 상승을 조장한다.

● 매매 입회장(Trading Floor)

월가의 모든 트레이딩, 즉 매매가 이루어지는 큰 장소를 말한다. 보통 금융상품에 따라 같은 층에 모여 있다. 같은 금융상품을 중심으로 트레이더, 세일즈, 리서치, 애널리스트들이 다 같이 모여 있는 것이 통상인데, 이 장소에서는 개인의 프라이버시를 보호받기 어렵다. 서로 싸우는 장면, 전화의 통화 내용 등등이 모두 공개된다. 사무실은 없으며 큰 공터에다 컴퓨터, 전화기, 모니터 등을 놓아둔다. 시장이 급격하게 움직일 때는 서로 악을 쓰고 욕을 하는 것은 기본이다. 말 그대로 시장이다. 많은 사람들이 서로 물건을 사고팔며 흥정하는 시장과 다를 바 없다. 이 매매 입회장에서는 인간관계가 굉장히 중요하다. 서로 항상 얽히고 설켜 있기 때문에 일이 잘못되었을 때 동지가 누구인지를 잘 알아야 한다. 돈을 많이 잃은 트레이더는 회사 경비원의 호송 하에 해고된 즉시 매매 입회장을 나가야 하는 경우도 비일비재하다. 수많은 비밀이 거래되고 있기 때문에 항상 경비가 철저하다.

● 모기지(Mortgage)

보통 주거용과 상업용으로 나뉜다. 주거용의 시작은 1930년대 대공황 이후 패니메이(Fannie Mae)와 프레디맥(Freddie Mac)의 등장으로 활성화되었다. 즉 상업은행들은 이 두 기관에 보험료를 내고 집주인이 모기지를 내지 않을 경우에도 원금 상환이 가능했기에 활발하게 집을 담보로 대출을 내줄 수 있었다. 그러던 것이 1980년대 말 살로먼브라더스(Salomon Brothers)에서 이 은행들이 가지고 있는 모기지를 채권화해서 팔 수 있다고 한 것이 모기지 채권의 시작이다. 그 이후 모기지 채권 시장은 크게 성장하여 지금은 미 국채시장과 맞먹는 규모가 되었다.

사실상 미국 주택 붐과 서브프라임 모기지의 등장은 모기지 채권시장의 존재와 밀접한 관계가 있다. 모기지 채권시장을 통하여 전세계 투자가들에게 채권을 팔지 않았더라면, 미국 상업은행들은 개인들에게 모기지를 내어 줄 수 없었을 것이고, 쉽게 모기지를 얻을 수 있었던 개인들도 집값을 올려서 큰 투기장을 조성하지 않았을 것이다.

● **뮤추얼펀드**(Mutual Fund)

1920년대 주식시장의 붐에 힘입어 처음 시작되었으며 여러 사람의 돈을 모아 소수의 전문가들이 투자하는 펀드이다. 주식, 채권, 단기 투자로 크게 나뉘며 이들은 보통 적게는 0.3%, 많게는 1% 이상의 NAV(Net Asset Value : 총 펀드의 시장 가치)를 수수료로 부과한다. 1930년대 대공황과 그 이후 30년간 제자리걸음을 한 주식시장으로 인해 뮤추얼펀드는 별 성장이 없었으나, 1980년대 주식시장의 붐에 힘입어 엄청난 성장을 해왔다. 뮤추얼펀드의 양대 거장은 보스턴의 피델리티(Fidelity)와 필라델피아 근교의 뱅가드(Vanguard)이다.

● **부외거래**(off balance sheet transaction)

이번 금융위기의 주범은 부외거래 때문이라고 해도 과언이 아니다. 주식회사는 공식적으로 장부를 다 공개해야 한다. 그러기에 거짓말을 할 수도 없고 있는 그대로를 다 적어야 한다. 하지만 회계법이 있기에 대충 얼버무려도 되는 사항들이 있는데, 그런 것들을 부외거래에 포함하면 된다. 아무도 미국 은행들의 부외거래 규모를 모른다. 부외거래는 미국 영토 밖에서 이루어지는 경우가 많다. 미국에서 가까운 카리브연안의 섬들을 중심으로 유령회사를 설립해서 그 섬에 약간의세금만 내면 이 부외거래를 할 수 있게 회사를 설립해준다. 그리고 그 회사 명의로 수십조 원의 부채를 발행해 많은 자산을 산다. 주주들에게 보여주는 회사 보고서에는 조그마한 글씨로, 부외거래라고 쓴다. 자세히 설명할 필요도 없고 자세히 설명해봐야 알아들을 사람도 별로 없다. 이런 식으로 미국의 많은 은행들, 기업들은 부외거래를 해왔다. 이번 금융위기로 많은 부외거래 사항들이 알려지거나 공식화되면서 회계법을 송두리째 바꾸자는 의견도 나오고 있다.

● **부채담보부증권**(CDO, Collateralized Debt Obligation)

　Debt(부채)를 담보로 한 채권이다. 이번 금융위기에 가장 각광받던 상품이기도 하다. 왜냐하면 많은 부채담보부증권(CDO)들이 서브프라임으로 만들어졌기 때문이다. 사실상 CDO는 20년이 넘는 역사를 가진 주택저당담보부다계층증권(CMO)에 비해 지난 5~7년 사이에 주택 붐을 타고 엄청난 양이 만들어졌다. CDO가 성행한 이유는 간단하다. 월가도 돈을 벌고, CDO를 운용하는 매니저도 돈을 벌 수 있기 때문에 누이 좋고 매부 좋은 사업이었다. CDO는 CMO와는 달리 구조 자체가 간단하다. CDO 매니저가 새로운 CDO를 만든다고 선전한다. 그러면 월가에서는 그 CDO 매니저를 마케팅하며 구매자를 찾아준다. 그 와중에서 월가는 구매자를 찾아준 수수료를 챙기고 또한 딜이 성립될 때까지 CDO의 자금줄 역할을 해주며 거기에서 또 수수료를 챙긴다. CDO로 인해 망한 ML 사는 한때 이 분야에서 선두주자를 달리곤 하였다. 그러나 시장이 망가지고 가지고 있던 CDO 가격이 폭락함에 따라 회사를 운영할 수 없게 되었다. CDO는 보통 리보(Libor)에다가 신용등급에 따라 이자를 더 주거나 덜 준다.

● **사모펀드**(Private Equity)

어떤 면에서는 헤지펀드와 비슷한 개념의 펀드이다. 헤지펀드와 사모펀드의 결정적인 다른 점은 유동성이다. 헤지펀드는 보통 어느 시점에서라도 시장에서 사거나 팔 수 있는 상품을 사는 데 비해, 사모펀드는 각각의 독특한 회사 자체에 투자를 한다. 결과적으로 사모펀드의 딜은 대부분 그 특성이 틀리며 모든 서류들, 사항들이 각각 다르다. 그래서 사모펀드의 딜은 보통 1년 이상 길게는 몇 년을 보고 투자하는 경우가 많다. 물론 그런 긴 시간을 보고 투자하기에 어떠한 위험을 감수해야 될지 모르는 불확실성이 많이 포함되어 있다. 예를 들어 2005년, 2006년에 완결된 딜들은 2007년, 2008년, 2009년의 전반적인 시장의 추락으로 대부분이 큰 손해를 감당해야 했다. 물론 그 손해라는 것도 문서상의 손해이지 실질상의 금전 손해는 회사를 팔기까지 정확히 알 수 없다. 보통 시장에서 활발히 거래되는 금융상품들도 유동성을 잃어가고 있는 마당에 이런 사고팔기 힘든 사모펀드의 회사들은 유동성이 거의 0에 가깝다고 해도 과언이 아니다. 90년대 말의 인터넷 붕괴 직전까지의 사모펀드는 많은 수익을 남겼지만, 앞으로는 헤지펀드처럼 많은 펀드들이 문을 닫거나 팔리는 경우가 다반사일 것이다.

● **서브프라임**(Subprime)

신용등급이 아주 낮은 사람들에게 빌려주는 모기지를 말한다. 처음 2년 동안은 아주 낮은 1~2% 이자를 주며 모기지를 낼 것을 권장한다. 2년 후에는 순식간에 이자가 7% 이상으로 뛰는 것이 보통이다. 집값이 오를 때면 2년 동안 낮은 이자로 살다가 2년 후에 집값이 오르면 팔고 더 큰집으로 옮기거나 딴 모기지로 갈아타면 됐지만, 집값이 멈춰 2년 후에도 집을 팔 수 없고, 다른 모기지로 갈아탈 수도 없자 집주인들은 높은 이자가 된 모기지를 낼 수가 없어 돈을 안 내기 시작하였고, 그 서브프라임으로 만든 부채담보부증권(CDO)도 같이 무너지기 시작하였다. 이 서브프라임을 내주던 모기지 회사들 역시 파산하기는 마찬가지였다. 그들은 더 큰 은행들이 돈을 꿔주어서 서브프라임 사업을 하였는데, 가지고 있던 서브프라임 모기지들도 월가에 더 이상 제값을 주고 팔 수 없었고, 큰 은행들도 자금줄을 중단하고 더 이상 돈을 꿔주지 않았다. 큰 은행들 역시 많은 서브프라임 모기지를 소유하고 있었기에 제 코가 석자인 형국이었다.

● **선물**(futures, futures contract)

선물의 시작은 농작물에서 기원된다. 농작물이라는 것은 경작하기까지 시간이 걸리고 또 그 사이에 많은 자연재해가 일어날 수 있으므로 농부들이 그 위험부담을 다른 사람들에게 분배하고자 시작되었다. 다른 사람들은 중간상인이 될 수도 있었고, 투기자가 될 수도 있었다. 여하튼 농부만 혼자서 모든 위험부담을 갖는 것이 아니라 그 농작물이 팔려 소비되기까지의 중간 과정에 있는 사람들이 골고루 위험을 나눠 가지고 같이 공생한다는 의미에서 선물은 좋은 상품이었다. 선물은 1980년대 금융상품으로 파급되었다. 선물이 가장 많이 쓰인 곳은 헤지이다. 헤지의 목표가 위험부담을 최소화하는 것인 만큼 선물시장은 급속도로 성장해나갔다. 가장 큰 선물시장은 시카고에 있다. 처음에는 모든 선물시장이 소위 Pit(구덩이)라는 데서 이루어졌다. 이 구덩이 안에는 그 상품의 선물을 거래하는 트레이더들이 모여 있다. 옥수수, 코코아, 돼지, 소 등등해서 각각의 구덩이가 있다. 그리고 시장이 시작되면 서로들 큰소리로 구매할 양(量)과 가격을 외쳐댄다. 서로 맞는 사람들이 있으면 거래가 성사된다. 이런 식으로 20여 년간 거래되던 것이 최근에는 전산화되었다. 구덩이는 없어지고 컴퓨터 단말기를 가지고 트레이드하는 시대가 되었다. 선물은 헤지하는 데 없어서는 안 될 중요한 상품이지만 잘못 알고 사용하면 순식간에 엄청난 돈을 잃어버릴 수 있다.

● **스와프**(SWAP)

일반적인 스와프의 개념은 이자율에서 시작되었다. 항상 변동이 있는 이자율 시장에서 고정이자로 바꿀 수 있다는 개념이 최초의 스와프였다. 회사들은 고정이자로 돈을 빌려오길 원했고 시장은 항상 변동하기에 이자율 스와프는 국제화를 타고 엄청난 성장을 거듭했다. 처음에는 이자율만을 하던 것이 환율로 넘어가고 주식으로까지 번지면서 사실상 스와프는 어떤 자산끼리도 가능하게 되었다. 이론상 시장만 형성될 수 있다면 오징어튀김과 감자튀김의 스와프도 가능한 것이다. 물론 오징어튀김 몇 개와 감자튀김 몇 개를 바꾸는가는 시장이 결정할 문제다. 주식시장에서 이 스와프는 주주들에게 특히 대주주들에게는 꼭 필요한 상품이 되었다. 돈이 필요한데 주식을 팔면 회사에 영향력이 없어진다. 그럴 때에 투자은행으로 가서 부탁하면 일정한 수수료를 띠고 현찰을 받고 주식은 사실상 팔지 않으며 판 것과 같은 효과를 얻을 수 있었다. 환율시장에서도 역시 스와프는 큰 역할을 하였다. 1997년 한국에서 있었던 모 재벌과 JP모건의 문제가 이 환율 스와프 때문이었다. 기업입장에서 스와프는 미래의 수익을 환율과 이자율의 변동에 관계없이 예측할 수 있으며 사업에만 몰두하게 하는 좋은 도구였지만 기업에서 투기의 조짐을 보일 때면, 특히 금융시장의 혼란과 겹치면 십중팔구 큰 손해를 입었다.

● 신용부도스와프(CDS, Credit Default Swap)

생명보험을 파는 것이 진부하고 별 재미가 없어지자 AIG는 금융시장에 뛰어들어 우수한 박사들을 고용했다. 금융 채권에 대한 보험을 팔기 시작한 것이다. AIG를 비롯한 다른 월가의 투자은행들도 이 사업에 뛰어들었다. 신용부도스와프(CDS)의 원리는 이렇다. 6% 이자에 10년 만기인 AAA인 XYZ 회사채가 있다고 하자. AIG는 골드만삭스와 거래를 한다. 100만 달러어치 채권을 1년 동안 보험을 드는데 5,000달러에 거래가 된다. 만약, 이 회사의 신용등급이 그대로이고, 이자도 잘 낸다면, 1년 후 AIG는 5,000달러의 이득이 남는다. 만약, XYZ에서 이자를 안 내거나 1년 안에 신용등급이 떨어진다면 AIG는 이자를 변상해 내거나, 다른 쪽에서 그 회사의 부채 보험을 훨씬 비싼 가격에 사와서 판 보험을 중화시킨다. 이번에 AIG가 부도가 난 이유가 여기에 있다. AIG는 작년 10년 동안 이 채권 보험을 팔아서 아무 일도 없었기에 보험료만 챙기고 많은 수익을 남겼다. 하지만 이번 금융위기로 많은 회사채들이 송두리째 날아가면서(회사가 망해서 넘어갈 경우 인수하는 회사에서는 인수당하는 회사의 부채를 책임지지 않아도 된다) AIG는 CDS를 산 측에 엄청난 양의 돈을 지불해야 했던 것이다. 정부가 AIG에 보조해준 수십조 원의 돈 중에 수조 원이 골드만삭스로 넘어간 사실은 다들 알고 있다. 이번 금융위기를 가장 먼저 냄새 맡은 투자은행은 골드만삭스였다. 그들은 기관투자가들에게 부채담보부증권(CDO)을 팔면서 뒤돌아서서는 CDO가 내려갈 경우에 돈을 엄청나게 버는 베팅을 해놓았다. 정부는 이 CDO를 규제하기 위해 많은 노력을 기울이고 있는데, 실질적으로 얼마만큼의 성과가 있을지는 아무도 모른다.

● 연방준비은행(Federal Reserve)

연방준비은행은 12개의 지역으로 나뉜다. 이 중 가장 중요한 지부는 뉴욕지부이다. 뉴욕지부에서는 주요 투자은행과 미국 국채를 거래하며 통화량을 조절한다. 국채를 사서 돈을 풀면 통화가 늘고, 국채를 팔아 돈을 거둬들이면 통화가 줄어든다. 연방준비은행의 보드는 미국의 최단기 이자율을 책정하여 통화정책과 인플레이션에 영향을 미친다. 이 단기이자는 상업은행과 상업은행 사이에 하루 동안 빌려주는 이자율로서 많은 이자들이 이 이자율과 같이 변동하기에 불경기 때는 이자율을 낮춰서 경제활동을 부추기고, 경제가 과열되어서 인플레이션의 위험이 있을 때는 이자율을 높여서 경제활동을 규제한다. 이번 금융위기는 많은 이로 하여금 연방준비은행의 형평성에 관해 다시금 생각하게 하였다. 경제를 살린다는 구실이었지만 연방준비은행은 엄청난 양의 돈을 시중으로 풀어 어쩌면 또 다른 버블을 만들지 않았느냐는 비판이 있다. 그리고 과연 전체 국민을 위해 독립적으로 행동했는가 또한 여러 가지의 의견들이 있다. 최근 뉴욕지부 회장으로 전 골드만삭스 출신의 경제학자가 선정되었는데, 골드만삭스가 이 위기를 이용하여 많은 돈을 벌지 않았는가 의심스럽다. 또 전 미 재무장관이 골드만삭스 CEO라는 사실도 잘 알려져 있다.

● 옵션(Option)

1970년대 시키고 대학에 있던 경제학자 마이런 숄즈(Myron Scholes)

와 수학자 피셔 블랙(Fischer Black)은 파생상품을 어떻게 계산해야 하는지 고민했다. 그들은 금융상품의 가격변동이 입자가 공간에서 퍼지는 것과 비슷하다는 점에 착안하여 방정식을 이끌어냈다. 그러나 방정식을 만든 이후에도 그 해답을 찾기까지는 몇 년이란 세월이 더 흘렀는데, 그리하여 나온 것이 블랙 숄즈(Black Scholes)공식이다. 이 공식을 사용하여 금융가에서는 옵션을 계산하는 기초를 닦았다. 이 공식 자체가 완벽한 가격을 주는 것은 아니었지만 적어도 수학적으로 계산할 수 있는 토대가 마련되었다. 예를 들어 이 공식은 유럽식 옵션(만기 때만 행사할 수 있는 옵션)에만 해당되지 미국식 옵션(아무 때고 만기 전에는 얼마든지 행사할 수 있는 옵션)에는 해당이 안 된다. 옵션 공식에 관한 업적으로 마이런 숄즈는 노벨상을 받았지만 헤지펀드에서 두 번 실패하는 오명을 남겼다.

● 옵션변동금리모기지(ARM, Adjustable Rate Mortgage)

서브프라임과 함께 지난 7년 동안 미국 주택시장 붐을 타고 반짝했던 신종 모기지로서 사실상은 1980년대 말부터 존재해왔다. 원래의 목적은 부자들이 현금관리를 위해 택했던 모기지였다. 매달 금리가 변동하며 금리는 미국 1년 국채의 1년 평균을 따른다. 모기지의 상환은 4가지의 옵션으로 매달 주어지는데 최저 상환, 이자 상환, 30년 상환, 15년 상환으로 나뉜다. 최저 상환은 모기지를 낸 후 첫 달만 특별 이자로 1% 내지는 1.25%로 계산된다. 둘째 달부터는 변동이자로 계산되며, 만약 최저 상환만 낼 경우에는 실질적인 모기지 이자와 최저 상환의 차액은 원금으로 되감아 들어간다. 원금은 처음 낸 모기지의 110%에서 많게는 120%까지도 역으로 감아 들어갈 수 있고, 그 한계에 도달하면 자동적으로 최저 상환의 옵션은 없어진다. 집값이 오를 때는 많은 사람들이 최저 상환만 내면 집을 살 수 있으므로, 이 모기지를 사용하여 비싼 집을 살 수 있었다. 그러나 주택시장의 붕괴 이후 집값은 폭락하고 최저 상환마저 할 수 없는 집주인이 태반인 관계로 이 모기지는 더 이상 설자리를 잃어버리고 말았다.

● **유동성**(Liquidity)

유동성은 금융시장에 윤활유와 같은 역할을 한다. 직감적으로 설명하자면 유동성은 사는 사람과 파는 사람의 시장에 참여하고 싶은 참여도를 측정하는 게이지이다. 그리고 중간 상인인 투자은행들은 이 사는 사람과 파는 사람 사이에서 차액을 남겨서 돈을 만든다. G7 통화 같은 하루에도 수천조 원씩 거래되는 시장은 중간 상인은 0.0001, 거의 0.01% 정도의 수수료를 얻지만, 부채담보부증권(CDO)이라든지 대출채권담보부증권(CLO) 같은 유동성이 아주 낮고 가격을 책정하기 힘든 금융상품들은 중간 상인의 수수료가 많게는 가격의 5%까지도 가능하다. 또 같은 금융상품이라도 시장의 상태가 원활할 때와 시장이 어수선할 때 수수료 차이가 많이 나곤 한다. 역시 시장 참여자들의 참여도를 나타내는 척도라 하겠다.

아직 학계에서도 이 유동성에 관한 이해도는 그리 높지 않다. 눈에 확연하게 보이지 않는 척도인데다가 이 지표 또한 시장에 직접 참여하지 않으면 피부로 느낄 수 없기 때문이다. 유동성이 메말라 버리면 시장은 순식간에 망가진다. 남대문 시장에 물건들만 널려있고 아무도 사고팔지 않고 지나다니는 사람도 없다고 상상을 해보면 유동성이 메마른 금융시장의 모습이 연상될 것이다. 이 유동성은 시장에 대한 두려

움과도 직접 연관이 된다. 시장 참여자들은 유동성에 굉장히 민감하다. 채권 중에서 가장 유동성이 많은 채권은 미국 국채이다. LTCM 사건 때도, 9·11 사태 이후에도, 채권시장에서도 유일하게 유동성을 잃지 않은 시장은 미국 국채시장이었다.

● **정크본드**(Junk Bond)

좀 고상한 말로는 하이일드채권(High Yield Bond)이라고 한다. 1980년대 와튼 비즈니스 스쿨에서 MBA를 하던 마이클 밀켄(Michael Milken)은 미국의 기업들이 세계화하는 것을 보았고 그에 따른 자금조달의 수요가 많을 것이라는 점을 직감하였다. 이미 일반 회사채권들은 활발하게 발행되고 있었으나, 위험부담이 더 많은 사업들, 예를 들어, 카지노나 놀이동산 개발 등은 자본시장에서 쉽게 돈을 끌어오기가 만만치 않았다. 이에 착안하여 그가 개발한 것이 정크본드이다. 일반 회사채보다 신용등급이 훨씬 떨어지며 그에 비해 많은 이자를 요구하는 채권이다. 당연히 부도날 확률도 많이 있고 사업성에 대한 불확실성도 많이 있다. 밀켄은 필라델피아에 소재한 드렉셀 번햄 램버트(Drexel Burnham Lambert)에서 이 정크본드 사업을 키워나갔다. 정크본드는 또 인수합병에서 중요한 역할을 하게 되었는데, 자본을 조금 가지고 큰 회사를 사려할 때 정크본드를 사용하였다. 예를 들어 1조 원을 가지고 10조 원짜리 회사를 인수하려 한다면 당연히 위험부담은 컸다. 9조 원을 이 정크본드시장에서 빌려온다. 물론 높은 이자를 내야한다. 그때그때 시장 상황에 따라 틀리지만 일반 회사채보다 5%에서 10%를 더 내야한다고 보면 된다. 이 드렉셀 번햄 램버트는 정크본드로 인해 떴다가 정크본드로 인해 망하게 되었다. 밀켄이 불법 금융행위로 적발되어 기소된 것이다. 면밀히 보자면 밀켄 이외에도 많은 이들이 같은 행위를 했는데, 불행하게도 희생양이 되었다. 지금까지도 이 정크본드는 채권시장에서 중요한 위치를 차지하고 있다.

● 주택저당담보부다계층증권(CMO, Collateralized Mortgage Obligation)

1980년대 말 MIT의 수학과 내지는 공대 졸업생들에 의해 고안되었다. 주택저당담보부다계층증권(CMO)의 등장은 사실상 서브프라임 모기지, 부채담보부증권(CDO), 그리고 거의 모든 담보를 바탕으로 한 복잡한 금융상품을 만들 수 있는 실마리를 제공해주었다. C(Collateralized)가 의미하는 바와 같이, 담보로만 할 수 있다면 어떤 자산을 가지고도 만들 수가 있다. CMO는 모기지의 이자 변동에 민감한 점과 집주인이 언제든지 집을 팔거나 값싼 이자로 재융자를 받을 수 있다는 점에 착안하여 만들어냈다. 이자와 원금상환의 규정을 자유자제로 책정할 수 있어 여러 가지 형태의 채권을 기관투자가들의 입맛에 맞게 가격별대로, 위험수준대로 만들어 팔아 이윤을 남긴다. 예를 들어 C에 해당되는 모기지 자체가 100달러라면, 이 C를 가지고 CMO를 만들어 100.50달러에 팔 수 있었다. 겨우 50센트라고 할지 모르겠지만 수조 원을 곱하면 큰 수익이다. CMO의 부분 부분들을 트랑쉐(tranche) 또는 클래스(class)라고 한다. 이 부분 부분들을 만들려면 컴퓨터 프로그램이 필요한데, 이 소프트웨어를 사용하여 여러 가지 규정을 만들고 쪼개고 붙여서 그때 그때 필요한 채권을 만든다. 이 CMO 시장이 없으면 미국의 주택시장은 없었다고 해도 과언이 아니다. 월가에서 만든 CMO는 대부분 기관투자가들이 소유하고 있다. 만들어진 후에도 CMO는 활발하게 시장에서 거래되고 있으며, 특히 패니메이나 프레디맥에서 보증하는 CMO는 유동성이 뛰어나서 언제든지 사고팔 수 있다. 패니메이와 프레디맥은 이 CMO의 원금 상환을 보증해주는 대가로 보험료를 받는 사업을 해왔으며 이번 위기로 국가에 넘어가게 된 이유도 이 보험 사업 때문이다.

● **키코**(KIKO, Kick in, Kick out)

포워드 환율 스프레드를 이해하면 키코가 좀더 쉽게 이해될 것이다. 동파이프를 만드는 전문 업체가 있다고 하자. 이 업체는 환율이 계속 올라 수출달러 가격을 원화로 환산했을 때 점점 적은 돈을 벌게 되었다. 예를 들어 환율이 1:1100일 때면 1달러 팔면 1,100원이 들어왔으나, 환율이 올라감에 따라 1:1000이 되면서 1달러 팔아도 1,000원밖에 되지 않았다. 가격을 1.1달러로 올린다면 안 팔릴 것이 뻔하기에 가격을 올릴 수도 없는 일이다. 회사 사장 입장에서는 동파이프 만드는 일에 집중하고 싶지 환율 걱정을 하고 싶지 않았다. 이때 투자은행이 접근해와서 키코를 하지 않겠느냐고 한다. 대략 지금 1:1000인 환율에서 1년 후를 기점으로 환율이 1:900이 된다면 투자은행은 이 기업에게 1달러당 50원을 지불하고 반대로 환율이 1:1100이 된다면 이 기업은 투자은행에게 1달러당 50원을 지불하는 계약조건이다. 그리고 환율이 950에서 1050 사이에 있다면 서로 아무런 현금 교환이 없다. 즉, 950보다 강세라면 기업은 '950원-환율'을 받고, 1050원보다 약세라면 기업은 '환율-1050원'을 내야한다. 기업 사장 입장에서는 괜찮은 계약인 것 같았다. 지금 내야하는 프리미엄도 없고 지난 수년간 환율은 계속 오르는 추세였고 하니 1년 후에도 환율이 오르면 회사는 이득을 보고 떨어져도 설마 하는 생각에 덜컥 사인을 하고 말았다. 이 계약이 언뜻

보면 기업에게나 투자은행에게나 공정한 계약인 것 같다. 하지만 1년 후의 환율스프레드를 계산하지 않고서는 900원, 1000원, 1100원의 관계가 공정한지 판단을 내릴 수가 없다. 이 계산은 트레이더들이 아니고서는 계산을 못한다고 해도 과언이 아니다. 어쩌면 공정한 거래는 890원, 1000원, 1100원이어야 할지도 모르고, 900원, 1000원, 1110원이어야 했을지도 모른다. 확실한 것은 투자은행은 이 계약 후에 뒤돌아서 헤지(위험의 중화작용)를 하고 그 자리에서 수천만 원에서 수억 원의 차익을 챙겼을지도 모르고, 설사 걸린다 하더라도 시장에서 그 정도의 수익은 위험을 고려했을 때 정상이라고 둘러댄다 한들 이해하는 사람도 많지 않기에 얼마든지 가능한 일이었다. 그리고 그 상품을 판 세일즈는 많은 보너스를 받았을 것이다. 1년 후에 환율은 1:1400이 되어버렸다. 동파이프는 잘 팔리는데 이 회사는 겨울에 난방비도 없다. 1달러에 350원(1400원 −1050원)을 투자은행에 넘겨야 하기 때문이다. 마진이 그리 높지도 않은 동파이프를 팔아 가격의 25%나 되는 돈을 투자은행에 줘야한다면 빚을 내야 할 것임은 자명한 일이다. 기업 사장은 환율시장의 흐름에 대한 전문가적 입장도 없고, 금융시장 몰락에 대처할 능력도 없다. 예를 들어 환율시장이 무너질 때에 기업 사장이 금융시장으로 들어가서 그때라도 헤지할 능력이 있었을까? 물론 아니다. 그냥 앉아서 바라볼 수밖에 없었을 것이다. 어차피 처음부터 공정하지 못한 게임이었다.

● **파생상품** (Derivatives)

파생상품의 기원은 오랜 옛날 농경사회에서 선물거래를 하면서 시작되었다. 파생상품을 간단히 얘기하자면 실물은 오가지 않지만 실물을 바탕으로 하는 모든 금융거래를 포함한다. 주식 선물이나 옵션은 장내에서 거래되기에 대략 시장의 규모가 추측 가능하지만 채권 파생 상품이나 최근에 부각된 신용부도스와프(CDS) 같은 상품들은 장외에서 거래되며 사실상 시장규모의 계산이 불가능하다. 이 파생상품들이 위험한 이유는 모두 레버리지가 포함되어 있기 때문이다. 실물이 아니기 때문에 조금이라도 많은 베팅을 할 수 있게 만든다. 가장 간단한 환율시장도 그중에 하나라고 볼 수 있는데, 보통 자기자본의 100배까지 베팅할 수 있게 한다. 내 돈 1로 100을 베팅할 때 물론 시장이 1%만 자기 생각대로 움직인다면 순식간에 2배의 돈을 벌 수 있지만 반대로 1% 움직인다면 단숨에 돈을 다 잃고 만다. 장외에서 거래되는 파생상품들은 주로 프로들만 거래할 수 있고 거래단위가 보통 사람들이 개인구좌로 할 수 없는 대규모이다. 불행하게도 장내에서 거래되는 파생상품은 개인도 사고팔 수 있게 해놔서 수천만 원, 수백만 원을 순식간에 잃게 되는 경우가 허다하다. 파생상품의 발달은 옵션 가격을 계산하는 공식이 발견되면서 급속도로 빨라졌다. 이 공식이 모든 경우에 완벽하게 적용되는 것은 아니지만, 그 공식을 바탕으로 파생상품에 대한 이해가 깊어졌다. 하지만 파생상품이 남용되고 있으며 아직 정부차원에서 규제를 제대로 하지 못하고 있다는 것이 많은 전문가들의 의견이다.

● **패니메이, 프레디맥**(Fannie Mae, Freddie Mac)
   대공황 이후 미국 주택시장의 활성화를 위해 미국에서 만든 준 정부기관이다. 이들의 사업은 크게 두 가지로 나뉜다. 첫 번째는 미국 모기지 채권의 보험사업이다. 소위 'G Fee'라는 보험료를 투자은행들이 만들어낸 미 모기지 채권에 부과한다. 그리고 집주인이 돈을 내지 않을 경우에 이 두 기관에서 원금을 변상해준다. 두 번째는 준 정부기관이라는 장점을 사용하여 (즉 정부가 뒤를 봐주며 최악의 경우 부채를 책임져준다는) 부채를 발행한다. 그리고 그 부채를 발행한 돈으로 시장에서 모기지 채권을 매입한다. 이들의 부채는 미 정부 국채보다 0.5%의 이자를 더 준다. 그리고 모기지 채권은 미 정부 국채보다 2%의 이자를 더 준다. 시장가격의 변화를 무시하면 2%-0.5% = 1.5%의 공돈을 챙기는 셈이다. 이 두 기관이 발행한 부채는 수천조 원에 이르니 이 이자 따먹기 사업에 재미를 많이 보았다. 이번 사태는 이 두 가지 사업을 다 망쳐놓았다. 첫 번째 보험사업은 집주인들이 돈을 내지 않아 돈을 왕창 물어줘야 했고, 두 번째 사업은 부채 발행한 것들은 그대로 남아 있는데, 사둔 모기지 채권들의 시장가격이 폭락했다. 결과적으로 회사운영이 불가능해진 것이다. 지금 상황에서는 실질적으로 미 정부가 이 두 기관을 떠맡고 있다.

● 포워드 환율 스프레드(Forward Exchange Spread)

환율 스와프를 하려면 포워드 환율 스프레드를 계산하는 것이 필수이다. 환율스와프는 보통, 현재의 환율에서 미래에 정해진 시간에 환율을 결정하는 계산 방식이다. 각각의 나라들은 제각기 다른 이자 수익율 곡선이 있다. 즉 한국 돈 12,000원이 지금 현재 미국 돈 10달러라고 해서(환율 1:1200) 한 달 후 환율을 계산할 때 1:1200이 아니라는 사실이다. 지금 시점에서 한 달 후의 환율이 1:1200일 경우는 한국의 한 달 이자율과 미국의 한 달 이자율이 같을 때이다. 즉, 지금 시점에서 한 달 후의 환율은 (12,000 + 12,000 * 한국의 한 달 이자)와 (10달러 + 10달러 * 미국의 한 달 이자)를 같게 하는 환율이 되어야 한다. 그렇지 않으면 지금 현재 공짜 돈을 만들 수 있다는 결론이 나오기 때문이다. 즉 1달 이자율과 현재 1달 이후의 환율의 상관관계에서 어느 쪽이 많거나 작거나 한다면 소위 위험부담이 없이 흑자를 만들어낼 수 있다. 이자율이 30년 어치 매달 360개의 이자가 존재하기에, 포워드 환율 스프레드도 이론상 각 환율에 대해 360개가 존재한다고 할 수 있다.

● 표준편차(Standard Deviation)

표준편차는 위험관리에 있어서 가장 중요한 필수적인 숫자이다. 이 숫자를 제대로 이해하면 엄청난 돈을 벌 수 있다고 해도 과언이 아니다. LTCM은 표준편차의 6배에 해당되는 상황이 아니고서는 돈을 잃을 리가 없다고 하였다. 확률로 보면 거의 0%에 가까운 일이다. 그러나 LTCM은 망했고 10년 후 100년에 한 번 일어난다고 하는 금융위기가 1930년 대공황 이후 처음 일어났다. 모두 표준편차와 관계된 사건들이다. 표준편차는 과거에 일어난 사건들을 위주로 계산할 수밖에 없다. 과거에 일어났던 일들이 미래에도 같은 확률로 일어난다면야 얼마나 좋을까. 하지만 러시아가 내일 국채를 갚지 않을 확률은 지금 갚고 있는 상태라면 0에 가깝다. 그러나 내일 갚지 않겠다고 선언한다면 내일의 확률은 1이 되어버린다. 언뜻 생각하면 당연한 얘기일 수 있지만 확률과 통계로 이런 사건을 표현한다는 것은 쉬운 일이 아니다.

● 헤지(Hedge)

일반적으로 금융상품에 있는 위험을 중화시키는 작업이다. 주식을 예로 들면, 한 주식을 사고 그 주식과 비슷한 종목의 다른 주식을 팔면서 가격 변동의 위험을 중화시킨다. 그러나 완벽한 헤지는 존재하지 않는다. 이론상의 완벽한 헤지는 항상 있어왔지만, 시장이 어수선한 때는 이 이론이 절대 통하지 않는다. 시장이 안정적일 때 헤지는 잘 통한다. 대부분의 헤지는 통계 모델을 통해 이루어진다. 즉 과거에 일어났던 일들이 미래에도 일어나리라는 가정 하에 헤지를 하는 것이다. 영어 그대로의 해석은 담장이란 뜻으로 울타리를 친다는 의미이다. 말 그대로 금융상품을 사거나 팔거나 한 후 울타리를 둘러서 그 금융상품의 가치를 보존한다는 뜻도 된다. 1997년 아시아 금융위기, 2000년 인터넷 몰락, 그리고 2007~2008년의 금융시장 붕괴 때는 이 헤지가 통하는 시장이 아니었다. 이유인즉슨, 공급과 수요의 불균형, 과거에 없었던 최초로 일어난 일 등으로 인해 통계 모델이 통하지 않았기 때문이다. 헤지의 반대말은 투기이다. 투기는 금융상품을 산 후 아무런 조치도 하지 않고 대박을 바라는 것인데, 물론 돈을 많이 잃는 경우도 허다하다. 헤지는 일반적으로 투기에 비해 수익률은 낮지만 안정적이고 많은 양을 해낼 수 있다. 그래서 헤지는 보통 기관투자가들 사이에서 많이 행해지고 있다.

● **헤지펀드**(Hedge Fund)

헤지펀드의 시작은 1960년대~1970년대에 시작되었다. 대부분의 사람들이 알고 있는 바와는 달리, 헤지펀드는 기관투자가들이 아닌 소수의 부자들 사이에서 시작되었다. 현재 헤지펀드는 기관투자가와 민간인도 투자할 수 있지만, 법적으로 헤지펀드에 투자할 수 있는 민간인들은 자산이 100만 달러 이상이거나 가정소득이 30만 달러 이상 되어야 가능하다. 90년대 말까지만 해도 헤지펀드를 아는 사람들이 그리 많지 않았다. 대부분 문외한이었다. 그러던 것이, 2000년 이후 금융시장의 확장으로 헤지펀드들이 우후죽순 만들어지면서 일반인에게 많이 알려졌다. 이들은 통상 돈을 따거나 잃거나에 관계없이 2%의 수수료를 부과하고, 따는 돈에 대해서는 20%의 수수료를 부과하곤 한다. 헤지펀드는 시장이 올라가거나 내려가거나에 관계없이 돈을 벌 수 있게 만들어져있다. 헤지펀드는 보통 어떤 금융상품에 전문성이 있느냐에 따라 나누어지는데, 크게 경제의 큰 흐름을 보고 투기하는 글로벌 매크로펀드, 주식에만 투자하는 주식펀드, 채권에만 하는 채권펀드, 그리고 최근에 많이 나타난 낮은 가격의 채권만을 골라 사는 디스트레스펀드 등으로 나뉜다. 헤지펀드의 대부로 불리는 조지 소로스(George Soros)는 경제의 큰 흐름을 보고 투기하는 글로벌 매크로펀드로 시작했다. 글로벌 매크로펀드는 보통 주식과 환율을 팔고, 같은 나라의 채권을 매수하는 식으로 돈을 번다. 보통 그들은 선물시장으로 매매하며 매매 단위가 굉장히 크다. 작게는 수천억 원에서 많게는 수조 원까지 베팅한다. 조지 소로스가 영국 파운드만으로 번 돈이 1조 원에 가깝다면, 그 돈을 벌기 위해서 얼마의 매매를 했는가가 추측 가능하다. 영국 파운드가 10% 절하됐다고 해도, 10조 원의 베팅을 했다는 결론이다. 그것도 90년대 초 이야기이다. 또 다른 헤지펀드의 거장 줄리안 로버트슨(Julian Robertson)은 80년대 말부터 일본 돈을 사고 미국 돈을 팔아서 성공한 예이다. 헤지펀드에서 일하는 사람들은 일반 펀드에서 일하는 사람들에 비해 훨씬 공격적이고 교육과 학벌 수준이 월등하다.

● **LTCM**(롱텀캐피탈매니지먼트, Long-Term Capital Management)

전 살로먼브라더스의 트레이더, 존 메리웨더(John Meriwether)가 세운 채권 전문 헤지펀드이다. 1990년대 초 미국의 채권시장을 휩쓸었으나 지금은 씨티그룹으로 넘어갔다. LTCM은 젊고 똑똑한 트레이더를 고용한 것은 물론 금융과 통계, 물리의 석학들도 파트너로 고용하여 당대최고의 채권 트레이딩 모델을 개발하였다. LTCM은 전세계 모든 채권분야에 30배의 레버리지를 사용하여 투기를 일삼았다. 그들의 투기는소위 위험부담이 적다는 한쪽 시장을 사고, 동시에 한쪽 시장을 파는방법을 이용하여 차액을 남기곤 하였는데, 1997년 러시아의 모라토리엄 선언 이후 채권시장이 급락하는 바람에 가지고 있던 3조 원 가까운자금이 바닥나는 사태에 이르렀다. 그 당시 미국 중앙은행은 큰 투자은행들을 불러 컨소시엄을 조직, 3조 원의 자금을 투입하였다. 이들의실패는 많은 추측과 이론을 불러일으켰고, 노벨경제학상 수상자가 2명이나 포함돼 있던 헤지펀드의 한계를 드러냈다. LTCM 이후 존 메리웨더는 JWM이라는 헤지펀드를 다시 조성하여 2009년 초까지 운영하다가 이번 금융위기로 문을 닫기에 이르렀고, 노벨상 수상자인 마이런숄즈(Myron Scholes)도 헤지펀드를 세웠으나 최근 위기로 거의 파산직전에 이르렀다는 소문이다.

● LBO (Leveraged Buy out)

적은 자본으로 훨씬 덩치가 큰 회사를 인수할 때 사용하는 방식으로사모펀드에서 주로 많이 사용한다. 사모펀드는 자본이 보통 수조 원이다. 그에 비해 요즈음의 웬만한 회사는 적게는 시장가격이 수조 원에서 많게는 수십조 원에 이른다. 그런 회사들을 사모펀드에서 인수하려면 불가피하게 자본시장에서 높은 이자의 채권을 발행해야 한다. 사모펀드 입장에서는 그 회사를 인수하여 경영진을 개편하고 사업 라인을잘 정리하면 그들이 주고 산 가격보다 훨씬 이익을 많이 남기고 팔 수 있다고 생각한다. 그러기에 10% 이상씩의 큰 이자를 내고라도 돈을 빌려 회사를 인수하려 하는 것이다. 이자가 높은 채권일수록 시장의 상황에 굉장히 민감하다. 이번 금융위기에 LBO loan들의 가격이 추락하였다. 원래 보통 상황에서는 100달러 선에 거래되던 것들이 80달러, 적게는 70달러까지도 거래가 되었다. 1조 원만 생각하더라도 100달러에서 80달러면 2,000억 원의 손해이다. 유명한 LBO 이야기로는 1980년대 초 전 미국 재무장관 윌리엄 사이먼(William Simon)이 이끄는 투자가들이 8,000만 달러를 주고 Gibson Greetings라는 카드 만드는 회사를 인수하였다. 그런데 그들은 자기돈 100만 달러를 가지고 이 회사를 샀다. 즉 7,900만 달러를 이 LBO로 빌렸다는 소리다. 그리고 1년 반 후 그 회사를 상장하여 6,600만 달러의 이득을 보았다. 자기 돈 100만 달러를 가지고 6,600만 달러를 만들었으니 6,600%의 이익이다. 물론 LBO로 돈을 잃은 경우도 많이 있다는 것을 간과해서는 안 된다.

지은이 김항주

미국 펜실베이니아 대학 와튼 비즈니스 스쿨에서 금융학 학사와 동 대학 인문대에서 경제학 학사를 우등으로 취득하고, 컬럼비아 대학에서 금융수학 석사를 전공했다. 현재 템플 대학에서 통계학 박사과정에 있다.

월가에 첫발을 내디딘 후 외환전문 헤지펀드 QFS, 얼라이언스캐피털, 구겐 하임파트너스, 미국 최대 저축은행인 워싱턴뮤추얼펀드 등 여러 회사를 거치며 월가의 흥망성쇠를 경험하였다. 월가 붕괴 이후 현재는 알파리서치캐피탈이라는 소규모 금융부티크로 옮겨 포트폴리오 매니저 겸 브로커로 일하고 있다.

현명한 투자자가 알아야 할
돈에 관한 진실

1판 1쇄 발행 2009년 8월 25일
1판 3쇄 발행 2009년 9월 15일

지은이 김항주
발행인 고영수
발행처 청림출판
등록 제406-2006-00060호
주소 135-816 서울시 강남구 논현동 63번지
　　　413-756 경기도 파주시 교하읍 문발리 파주출판도시 518-6 청림아트스페이스
전화 02)546-4341 **팩스** 02)546-8053

www.chungrim.com
cr1@chungrim.com

ISBN 978-89-352-0794-7